The MERITS of WOMEN

THE MERITS OF WOMEN
Wherein Is Revealed Their Nobility and Their Superiority to Men
Licensed by The University of Chicago Press, Chicago, Illinois, U.S.A.

The
MERITS of WOMEN

여성의 진가

모데라타 폰테(모데스타 포조) 지음
양은미 옮김

문학세계사

차례

코넬리아가 대답했다.

"당신은 역사가들이 말하는 남녀 이야기를

사실이라고 믿는 거예요?

이런 역사는 결코 진실을 말하지 않는 남자들에 의해

씌어졌다는 걸 기억하세요.

어쩌다 실수로 사실을 말해 버리는 경우를 제외하면 말이죠."

— 모데라타 폰테의 『여성의 진가』 중에서

모데라타 폰테는 모데스타 포조(1555~1592)의 필명이자, 기사 로맨스 「플로리도로(Floridoro)」를 썼던 베네치아 시인이다.

| 옮긴이의 말 |

여성성의 교묘한 비틀림, 섹시함과 침묵의 굴레

성이라는 화두가 이토록 열띤 논쟁과 함께 장기간 사회적 이슈의 중심에 놓인 적은 일찍이 없었다. 더구나 그것이 개인적 삶의 위상까지 흔들고, 목숨마저 좌지우지될 만한 치명적인 사안으로까지 치닫는 현상은 아마 유사 이래 처음 겪는 일일 것이다. 이 '미투me too'라는 거대한 물결은 걷잡을 수 없는 활화산처럼 무서운 기세로 번져 나갔다. 이미 비등점을 넘어선 분노 게이지는 그 무엇으로도 막지 못할 만큼 거세게 달아올라 기존의 성 인식에 대한 전반적인 패러다임을 전복시키고야 말겠다는 필사적인 투지로 발전되는 양상을 보였다.

무엇이 이토록 여성의 성을 유린해 왔길래 분노, 고발의 사나운 불길은 사그라질 기미가 보이지 않는가?

스코틀랜드 작가 알라스데어 그레이는 '대부분의 여자들에게 삶이란, 남성의 섹스 판타지 속에 존재하는 하나의 공연과 같은 것'이라고 말했다. 어느 철학자는 '여자 안에는 어쩔 수 없는 공통된 창녀 기질이 자리하고 있다'고 말했는데, 이 말은 대중의 특성을 여자에 비유하면서 '여자는 자기보다 약한 자를 지배하는 것보다, 자기보다 강한 자에게 지배당하고 싶어 한다'라고 말한 히틀러의 논리와 일맥상통하는 면이 있다. 이러한 논리를 적극 지지하는 부류라면 가령, '꿀벅지'라는 용어를 들먹거리며 딴지를 걸고 싶은 충동에 사로잡힐 것이다. 그들은 꿀벅지라는 신조어가 생겨난 이래 유행처럼 통통한 허벅지를 드러내 놓고 다니면서 심리적 안정감을 느끼는 여자들이 지천에 깔렸다고 말할 것이다. 최악의 경우, 그들은 성의 권력화는 사회의 문제가 아닌 인간 본능의 문제라고 떼를 쓰기 시작할지도 모른다. 여자들은 한 번 잠자리를 한 후에는 본격적으로 그 남자를 내 남자로 생각하고 매달리기 시작한다고, 연애에 있어 힘의 중심이 남자로 옮겨 가는 이유가 빨간 립스틱에 손이 가는 여자들의 무의식적 욕망과 연관이 있다고 말이다.

한 사회가 지닌 성 인식의 미개함은 그 문화 속에 젖어 있는 인사이더의 시점으로는 포착하기가 어렵다. 성을 공공연히 상품화시켜도 그 안의 권력 구조를 보지 못하는 게 우리 사회다. 여자는 얼굴이 예뻐야 고생 안 한다며 아버지가 성형을 시켜 주었다는 말을 아무렇지도 않게 TV에 나와서 말하는 사회, 그 말에 남녀 할 것 없이 모든 출연진들이 고개들을 주억거리는 사회다. 우리는 매일같이 '누드 화보', '깜짝 놀란 몸매', '연예인 급 미모', '공항 패션', '거침없는 키스', '무대 노출 사고', '알고 보니 글래머', '굴욕 없는 민낯' 따위의 제목이 일색인 검색 사이트에 무방비로 노출되어 있다. 성은 이미 우리 삶 깊숙이 침투하여 우리의 존재까지 위협한다. 성으로 야기된 문제들이 인간을 성 자체로 확대시키고 변질시킨다. 애초 인간의 가치는 사라지고 없다. 인간은 성적 욕망 덩어리이고 성적 쾌락의 향유자들이며 성적 가치로 점수가 매겨지는 존재들이다.

『여성의 진가』에 등장하는 코린나와 레오노라는 목숨을 걸어서라도 독신을 고집하겠다고 선포한다. 16세기 이탈리아 여인네들이 이토록 단호하고 결연하다. 이는 흡사 현대의 레더 스핀스터(Leather spinster)를 연상시킨다. 이 용어는 결혼이나 애인 찾기에 관심이 없는 커리어 우먼을 가리키는 개념이다. 차라리 무성애자가 되어 연애보다는 케이크나 즐기며 살아가겠다는 것이다.

영화 〈그랑블루(Le Grand Bleu)〉를 보면, 주인공이 잠수하면서 가장 힘들 때가 바다 맨 밑에 있는 순간이라고 고백하는 장면이 나온다. 왜라는 물음에, 다시 올라와야 할 이유를 찾는 게 너무 어렵다는, 기가 막힌 반전 대답을 들려준다. 16세기 이탈리아 여인네들이 독신을 고집하는 이유도, 21세기 한국 여자들이 무성애자처럼 남성을 거세한 삶을 살아가려는 의지도, 〈그랑블루〉의 버전으로 바꿔 볼 수 있지 않을까. 외로움의 바다에서 다시 외롭지 말아야 할 이유를 찾는 게 너무 어렵다고. 다시 혼자로 돌아가지 말아야 할 이유를 찾는 게, 성난 생식기의 세상 속으로 돌아가야 하는 이유를 찾는 게, 교합과 신음의 용광로 속으로 다시 머리를 디밀어야 하는 이유를 찾는 게, 성이 지나간 자리의 더한 모멸감과 낭패감을 다시 반복해야만 하는 이유를 찾는 게, 구질구질한 관계론적 고독 대신 고고한 존재론적 고독을 선택하지 말아야 할 이유를 찾는 게 참으로 어려우므로, 차라리 심해의 깊은 외로움 속에 남는 거라고.

이 책이 흥미로운 이유는, 16세기 이탈리아 여인들이 나누는 대화가 오늘날 21세기 한국 여성들이 나누는 대화와 별반 차이가 없다는 데 있다. 결혼에 대한 독설, 보상받지 못하는 여성의 헌신, 불온한 사회제도 등에 대한 16세기 여인들의 성토는, 현대의 관점에서 바라볼 때도 괴리감이 느껴지지 않을 만큼 자연스럽게 읽힌다. 16세기 이탈리아 여인들은 자기들이 너무 오랫동안 입 닥치고 살아왔으며, 그럴수록 더 고약한 것만 침묵의 대가로 주어졌다고 성토한다.

시대와 장소를 불문하고, 삭임과 침묵의 특성을 지닌 문화는 누구보다 여성들을 옥죄었다. 더구나 이러한 문화가 21세기에 이르러 강력한 비주얼 문화와 혼재할 때, 여기에는 아이러니한 부작용이 뒤따른다. 즉, 여성의 성은 더욱 부각되고 여성의 발언권은 그만큼 축소된다. 부각된 성의 자유만큼 사회적인 발언권도 확보되었다고 믿는 것은 착각이다. 성적 어필로 발언하는 존재는, 권리의 영역을 제한받는다.

'이 세상은 어떤 세상인가? 이 세상에서 뭘 해야 하는가? 이 세상에서 나의 어떤 부분을 꺼내야 하는가?' 『세기의 변증법(The Dialectic of Centuries)』이란 책에 나오는 이 물음은 한국 사회에서 포스트모더니즘과 페미니즘이 어떻게 연동되는지를 암시하는 구절이다. 페미니즘의 성공은 포스트모더니즘 덕을 톡톡히 보았다는 견해가 일반적이지만, 푸코의 권력 이론에 의하면, 억압으로부터 자유로운 진실 따윈 없으며, 진실은 얼마든지 음모에 의해 창조될 수 있다. 진실이라고 공표되는 것의 아주 가느다란 빛이라도, 그건 여전히 정치적인 영향력 아래 있다는 뜻이다.

가령, 사회적으로 성공한 여자들은 대개 광고에서 섹시한 이미지로 부각된다. 바디라인을 그대로 드러내는 몸에 밀착된 정장 차림으로 하이힐을 신고 당당하게 걷는다. 사실 이건 커리어 우먼을 나타내는 이미지라기보다는, 여성들로 하여금 자신들의 뚱뚱한 몸에 대한 수치심을 유도하며, TV에 나오는 완벽한 몸매의 여성에 대한 열등감과 동경심을 조장시키려는 저의가 깔려 있는 것이다. 즉, 이러한 광고들이 전하는 숨겨진 속내는 여성들에게 섹스 어필의 중요성을 다시금 세뇌시키려는 것이다.

폰테의 화자들과 현대 여성들 사이에 놓인 5백 년이라는 거대한 간극을 초월할 수 있는 동력은 결국, 『제2의 성』에서 '이 세상은 늘 남자들의 세상'이었다고 말한 시몬느 드 보봐르의 말에서 힌트를 찾을 수 있을 것이다. 즉, 포스트모더니즘의 기치 아래 대두된 페미니즘의 거센 폭풍 속에서도 여전히 이 세상은 남자들의 세상이며, 이것이 페미니즘 뒤에 가려진 참 진실이라는 사실이다. 21세기의 여성들이 갖고 있는 고민들이 이미 16세기 여성들의 고민이었다는 사실은, 무서운 시간의 힘 위에서 군림하는 움직이지 않는 세계, 변하지 않는 남자들의 세상에 대한 위의 논리가 타당함을 방증한다

『여성의 진가』를 번역하면서, 필자는 자연스럽게 작금의 한

국 사회를 조명해 보게 되었고, 그것은 그다지 유쾌하지 않은 일이었다. 21세기 한국 여인들은 16세기 이탈리아 여인들을 향해 "미투!"라고 외치고 있었고, 이 "미투!"의 메아리는 시대를 관통하여 또 미래의 어느 시점에 창궐하게 될지 막연한 불안감을 몰고 왔다.

『여성의 진가』는 여성의 진가를 주장하고 관철시키려는 책이 아니다. 그보다는 여성의 진가에 대한 감식안이 마비된 사람들, 또는 여성의 진가를 (의식하지만) 부정하려는 사람들을 향한 관조적 독백이자 조용한 항거에 가깝다. 여성의 진가를 주장하는 일이란 지구의 나이만큼이나 매우 낡고 오래된 명제처럼 다가온다. 이미 유효 기간이 한참 지난 퇴색하고 상해버린 상품 같다. 그것은 한 번도 제대로 감식되지 않았고, 그러므로 찬란하게 꽃피워 본 적도 없다. 그것은 매번 용을 쓰다가 결국 고개를 떨군 채 비루하게 연명해 가는 어둡고 초라한 약자의 행색이다. 이 악순환을 아름답게 끝내는 일이야말로 진정한 남성의 진가를 보여 주는 일이 아닐까.

양은미

| 영문판 편집자 노트 |

모데라타 폰테의 메시지

시카고 대학교 출판부는 최초로 버지니아 콕스의 번역본, 모데라타 폰테의 『여성의 진가(Il merito delle donne)』를 출판했다. 이는 『초기 근대 유럽의 다른 목소리(Other Voice in Early Modern Europe)』 시리즈의 일부분으로 『여성의 가치(The Worth of Women)』라는 제목으로 출판되었다. 현재도 출간 중인 이 번역판은 주석, 부록, 기타 관련 자료들과 같은 학문적 내용을 포함하고 있다. 반면 요약본이라 할 수 있는 이 책은 폰테의 위트 넘치고, 우아하며, 놀랄 만큼 시의적절한 논고에 대해 보다 일반적인 청중들을 찾는 일종의 실험서라 볼 수 있다. 이 번역판은 콕스 교수가 그녀의 능란한 번역을 축약하고, 새로운 소개란을 공들여 만들고, 이탈리아어로 씌어진 다치아 마리아니의 참신한 서문을 번역한 것이다. 우리는 이 주목할 만한 책을 재발간하게 되어 기쁘다. 특히, 책의 메시지가 어느 때보다 더욱 큰 울림을 주는 이 시점에 말이다.

| 서문 |

다치아 마라이니(Dacia Maraini)의 이탈리아어 서문

버지니아 콕스(Virginia Cox) 번역

이 책을 쓴 저자의 두 아이덴티티는 서로 판이한 방식으로 우리를 놀라게 만든다. 그녀의 이름은 모데스타 포조(저자의 본명)와 모데라타 폰테(필명)이다. 그러나 우리는 여전히 동일한 사람에 대해 말하고 있다. 그녀가 결혼해서 출가할 때까지 아버지 역할을 했던 이모부 지오반니 니콜로 도글리오니에 의하면, 모데스타는 가족과 남편에게 헌신하는 조용하고 내성적인 여성이었다. 당시 여성으로서는 독립심을 고양시키는 예외적인 교육을 받았음에도 말이다. 어린 시절 그녀는 문학적 재능을 펼치도록 고무되었고 독서와 공부에 마음껏 시간을 쓸 수 있었다.

도글리오니가 끔찍이 아꼈던 조카의 마지막 책이자 가장

중요하게 평가받는 책 『여성의 진가』를 살펴볼 때, 책의 분위기는 그가 기고문에서 묘사했던 폰테의 모습과는 상당한 괴리감이 있다. 도글리오니가 묘사한 폰테는, 그녀의 시를 읽거나 그녀가 책 속에 의도한 것들을 읽으면서 상상할 수 있는 사람과는 너무나 다르다. 가령 책 첫 페이지의 대화에서 엿볼 수 있는 대담하고 도전적일 거라 예상되는 저자가 아닌 것이다. 즉, 도글리오니가 묘사한 폰테의 모습에는, 진짜 모데라타 폰테의 모습은 없다고 할 수 있다.

모데라타는 전기에 나오는 보통 베네치아의 여인들과는 정반대로 놀랄 만한 독창성과 대담함을 보여 준다. 이는 그녀가 책을 쓰는 방식을 보면 명확히 나타난다. 그녀는 일곱 명의 여자들에게 만남의 장을 제공하고 있다. 일곱 여자들은 서로 상당히 다르지만, 고등 교육을 받았다는 공통점이 있고, 무엇보다도 친한 친구들이다. 그리고 그들 모두의 공통된 관심사, 남자에 대해 이야기한다.

책을 읽는 독자들은 16세기 말의 베네치아에 들어와 있다. 그리고 이 도시의 부르주아에 속하는 여인네들이 그토록 탁월한 지성과 통찰력을 가지고 있다는 것, 그리고 그토록 맹렬하게 가부장제 폭력의 가면을 벗기는 탁월한 능력을 지녔다는 사실은 믿기 어려울 정도다. 당시 부자들을 상대하던 매춘부이자, 걸출한 시인이었던 베로니카 프랑코는 남자들의 세상에 대해 분명히 폰테보다 더 많은 것을 알고 있었고, 남자들의 악덕과 학대를 인지하고 있었지만, 남성들의 기존 권력 구조에 이런 식으로 반기를 들지는 못했다. 도전적이고 냉소적인 베로니카조차 모데라타처럼 남자들에 대한 냉철한 시각의 논고식 글을 생산해 내지는 못했던 것이다.

"고대의 어떤 연대기를 통틀어서라도 성모 마리아가 지닌 신성한 자질과 그 흔치 않은 뛰어남의 천분의 일에라도 미치는 남자를 한번 찾아보세요. 그럴 운은 아주 희박하겠지만!"

마치 무대 위에 등장하듯이 (이 또한 그녀가 살던 시대를 앞서 18세기 때 나올 법한 연극적인 방식으로) 저자는 일곱 명의 여성 화자들을, 그들 중 한 명이 소유하고 있는 아름다운 정원으로 이끈다. 그들은 그곳에서 아버지, 남편, 아들, 형제를 포함하여 남자라는 존재에 대해 이야기를 나눈다.

"우리는 이미 과거에 너무 많이 닥치고 살았어요. 더 많이 닥칠수록, 더 고약한 것만 얻게 됐죠. 만약에 자기 돈을 누군가에게 주었다가 환수하려고 들 때, 그 사람이 돈을 돌려줄 생각이 없을 뿐더러 더구나 돈을 돌려받아야 할 당사자가 입닥치고 있다면, 부도덕한 빚쟁이가 그 사람에게 만족감 따위를 줄 리는 만무하죠."

이러한 종류의 이야기들이 이어지면서, 역사, 문학, 시 등의 끊임없는 참고 자료들이 삶의 경험들과 함께 어우러진다. 우리는 '딱한 남자들'이 보호받는 순간들을 발견한다. 비록 전에는 이런 방식으로 '딱한 남자들'이 폭로되는 사례가 전무했지만 말이다.

"…남자들은 결혼하고 나서야 비로소 몇몇 장점들을 갖게 되죠. 즉 그들이 자신들의 아내와 연합하게 될 때만 말이에요. 이제 나는 그 사실을 부인하지 않아요."

이들이 모인 이틀 중 첫날, 그들은 남자들을 향해 관대함을 표시하지 않는다. 남자를 향한 용서나 방어의 기미라도 포착되면 즉시 그것은 틀린 관점이라는 누군가의 의견에 부딪히기 때문이다.

"남자들은 아내의 도움 없이는 켜지지 않은 등불에 불과한 존재인 것 같아요. 혼자서는 아무 짝에도 쓸모 없는 존재, 누군가에 의해 등불이 켜져야만 그들은 가까이 두고 쓰기 편한 존재들이 되는 거죠."

일곱 명의 여자들은 영예롭고 존경받아 마땅한, 그러나 그렇지 못했던 위대한 여자들의 사례에 대해 이야기한다. 이는 아마도 처음 거론되는 이야기들일 것이다. 왜냐하면 그 뛰어난 여자들은 일종의 경고로써, 반복되지 말아야 할 하나의 견본으로써 제시되기 때문이다. 이는 자신의 일생이 남자들에 예속된 노예 상태로 살아온 여자들에 의해 구전된 이야기들이다. 즉 남자들의 동반자로서 스스로를 희생시킨 여자 영웅들의 이야기인 것이다.

"스파르타의 여성들에 대해 더 언급할 필요가 있겠어요. 그들은 자신들의 남편이 감옥에 갇히면, 남편을 보기 위해 적으로부터 허가를 받아 낸 다음 자기가 입고 왔던 옷을 벗어서 그것을 남편에게 입혀요. 그리고 자신은 감옥에 남아, 위험으로부터 탈출시킨 남편 대신 죽음을 맞이했죠."

일곱 명의 화자들을 그토록 곤란하면서 격정적 주제로 이

끈 원동력은 무엇일까? 무엇이 그들로 하여금 (사랑하는) 적과 대면하도록 만든 용기와 능력을 주었을까? 역설적이게도, 그것은 바로 그들이 공부를 통해, 그리고 그들의 문화를 흡수함으로써 배운 모든 것들에 대한 경험과 자각과 인식에서 연유한 것이다. 서로 매우 다른 삶의 이력과 관심사를 지닌 일곱 명의 화자들은 알고자 하는 지치지 않는 열정 안에서 하나가 된 여자들이다. 그들은 이러한 열정 안에서 스스로 남자들과 동일한 위상을 갖는다. 그들의 인생에서, 어떤 경우에는, 진실로 남자보다 더 높은 위치에 있다. 경쟁의 두려움으로 남성들의 권력이 수세기 동안 여성들을 부인해 왔던 교육은 이제 미묘하고 융통성 있는 도구가 되었고, 이 도구를 통해 여성들은 불평등과 차별의 정체를 드러낼 수 있는 것이다. 그들은 자신들의 목소리를 통해 이 불평등과 차별에 대해 증명해 보이고자 한다.

"한동안 우리가 그냥 조용히 침묵을 지키고 있으면 되지 않을까요. 그러면 그들도 태도를 바꾸겠죠."

"우리는 이미 과거에 너무 많이 닥치고 살았어요. 더 많이 닥칠수록, 더 고약한 것만 얻게 됐죠.

『여성의 진가』에 대한 폰테의 의견은, 끊임 없는 의혹과 더불어 나아간다. 남자를 비판함으로써 결국 영원한 적으로 끝나 버리는 위험에 봉착하진 않을까? 대화를 나누는 화자들은 남자들이 지닌 결점과 결함이 무엇이든지 간에 그들 없이는 살아갈 수 없다는 사실을 잘 인식하고 있다. 그들 대부분은 남자로부터 모종의 소통과 암묵적인 동의를 얻기를 열망한다. 이것이 모순일까? 그들이 보다 도전적인 입장에 서 있을 때와 비교해 보면 퇴보일까? 나는 아니라고 대답하고 싶다. 기껏해야, 우리는 여성의 지성을 착취하는 또 다른 방식을 보고 있는 것인지도 모른다. 두려움과 증오를 촉발시키지 않는, 그보다는 희망과 이해를 유도하는 지성 말이다.

"저는 남자에 대한 증오를 말하는 게 아니라, 그보다는 내 주변에서 볼 수 있는 수많은 고통받는 여성들에 대한 연민과 측은지심에서 말하는 거예요. 아직도 많은 남자들이 이 세상을 편협한 방식으로 바라보고 있어요. 자신들이 여자들보다 우월하게 창조되었다는 근거 없는 오류에 단단히 사로잡혀 있기 때문에, 그들이 원하는 방식대로 독재자처럼 야만스럽게 여자들을 다루는 것이 정당하다고 믿고 있죠. 하지만 그들이 스스로의 오류를 납득할 수만 있다면, 자신들이 고수해 왔던 방식들을 바꿀 수밖에 없을 거예요."

『여성의 진가』에서 모데라타 폰테는 현대 페미니스트로서의 인상을 남긴다. 책의 구조와 화자들을 들여다보면, 의식을 고취시키는 단체의 머나먼 메아리를 포착할 수 있다. 어떤 유토피아의 세계처럼 그 안에서 수많은 여성들은 처음으로 자신들의 삶, 남자와의 관계, 자기 삶의 드라마, 희망에 관해 말하기 시작했다. 여성 연대라는 이름 하에, 그리고 판단 당하고 비난받을 거라는 두려움 없이 말이다. 이것이 언제나, 그리고 불가피 유효하지만은 않을지도 모른다. 그러나 그것이 우리의 삶을 변화시키리란 건 분명하다.

다치아 마라이니(Dacia Maraini)는 이탈리아의 극작가이자 소설가이다. 가장 유명한 작품으로 『전쟁 속의 여자(Waman at war)』(1975)와 『침묵하는 공작부인(The Silent Duchess)』(1990)이 있다.

| 소개 |

모데라타 폰테에 대하여

버지니아 콕스(Virginia Cox)

1980년대 전까지 사실상 알려지지 않았던 모데라타 폰테의 1592년 대화록 『여성의 진가』는 오늘날 초기 페미니스트 사상이 담긴 훌륭한 고전 중 하나로 자리매김하였다. 이보다 2세기 전 앞서 출판된 크리스틴 드 피잔(Christine de Pizan)의 『여인들의 도시(The Book of the City of Ladies)』와, 18세기에 출판된 메리 울스턴크래프트(Mary Wollstonecraft)의 『여성의 권리 옹호(Vindication of the Rights of Women)』와 같은 작품들과 어깨를 나란히 하게 된 것이다. 위트 넘치고 도전적이고 실감나게 씌어진 『여성의 진가』는 여성의 지위에 대한 놀랄 만큼 독창적인 담론일 뿐만 아니라, 중요한 문학 작품으로 평가된다. 18세기 전에 씌어진 작품이라고는 믿기 어려울 만큼 여성들의 일상적

삶의 현실에 대해 강력하게 환기시키며, 그들의 '가치'와 응당 주어져야 하는 보상에 대해 대담하게 피력한다.

모데라타 폰테의 삶과 글의 맥락

모데라타 폰테는 모데스타 포조라는 이름으로 1555년 베네치아에서 태어났다. 그녀가 태어난 건 영국식으로 표현하자면, 엘리자베스 1세가 왕위를 계승하기 3일 전에, 그리고 셰익스피어와 말로가 태어나기 9일 전이다. 모데스타는 어릴 때 부모를 여의고, 수녀원과 외할머니 집에서 성장하면서 그 명석함으로 주변 사람들의 관심을 끌었다. 한때 그녀의 후견인이었던 지오반니 니콜로 도글리오니에 의해 씌어진 폰테의 매력적인 전기에 보면, 그녀는 대부분 독학으로 공부했으며, 의붓외할아버지의 서재에 있는 책들을 독파하고, 그녀의 오빠가 학교에서 귀가하면 그를 졸라 매일 밤 라틴어를 배웠다. 그녀의 가족은 부유했다. 베로네와 티티안의 초상화에서 나온 듯한 빨간 법복 차림으로 우리를 바라보는 베네치아의 귀족 통치 계급은 아니었지만, 시타디니 오리지나리(cittadini originari)로 알려진 그 도시의 엘리트 계급에 속해 있었다. 문자 그대로

'원래 주민(original citizen)'이라는 뜻으로, 이들은 정부의 행정을 보는 직종에 종사했다.

폰테는 젊어서부터 글을 썼고, 도글리오니와 지속적으로 연락을 취하며 도움을 받아 1581년 스물여섯 살의 나이에 처녀작 『플로리도로(Floridoro)』를 출판했다. 이 책은 플로리도로라는 이름의 젊은 기사의 모험을 다룬 연애 이야기이다. 여기서 그녀는 자신의 필명인 모데라타 폰테를 사용했다. '제법 얌전한(Modest Well)'이라는 의미를 지닌 자신의 이름을, 듣기에도 더 운율이 좋고 적극적인 느낌을 주는 '모더릿 파운틴(Moderate Fountain)' 또는 '스프링(Spring)'으로 바꾼 것이다. 이 필명은 뮤즈들의 고향인 파르나소스산에 있는 카스탈리아 샘(Castalian Fountain)과 함께 시의 전통적인 유대를 상징하면서, 폰테의 창의성을 기념하는 동시에 '얌전함(Modesty)'의 수줍어하는 속성, 즉 여성 고유의 삼가는 태도와 침묵의 여운을 뒤에 남긴다. 폰테의 필명은 그녀의 '온건함, 절제(moderation)'의 소양을 분명히 보여 준다. 이는 이성과 수양의 능력을 제시하는 덕목으로, 폰테의 동시대인들 모두 여성이 그것을 소유했다고 인정하는 건 아니었다.

1583년, 폰테는 당시로는 늦은 나이인 스물일곱에 필립포 조르지(Filippo Zorzi)라는 이름의 젊은 정부 법률가와 결혼했다. 1587년에 둘은 이미 세 명의 자녀를 가지게 되었다. 아이들이 아직 어린 가정에서 그녀는 비록 꾸준히 글을 쓰고는 있었지만, 문학적으로 생산력이 저하될 수밖에 없었다. 그녀는 결혼 전에 출판한 작품들, 즉 『플로리도로(Floridoro)』, 『철학 가면극(philosophical masque)』, 『그리스도의 열정에 대한 운문 서사(verse narrative of Christ's passion)』 등과 결혼 후 두 편을 더 출간했다. 그리스도의 부활을 이야기하는 그녀의 열정 내레이션 속편과, 그녀의 걸작 『여성의 진가(The Merits of Women)』가 그것이다. 자료에 따르면 『여성의 진가』가 씌어진 시기는 1588년에서 1592년까지라고 한다. 이 시기는 폰테의 마지막 시기였다. 도글리오니의 가슴 아픈 기록에 의하면, 폰테는 1592년 서른일곱의 나이에 아이를 분만하는 중에 사망했고, 그 전날 밤 이 작품을 끝마쳤다고 한다.

우리는 전근대 여성 작가를 떠올릴 때, 여성의 능력과 역할을 협소하게 한정짓는 사회 분위기 속에서 스스로를 주장하기 위해 고군분투하는, 사면초가에 몰린 인물로 생각하는 데 익숙해져 있다. 이는 분명히 모데라타 폰테에게도 어느 정도 적용되는 사실이다. 도글리오니는 폰테가 "여자는 집안일 외에는 잘하는 게 없다."는 생각이 '잘못된 관념'이라고 여기고 집안일을 하는 틈틈이 글을 쓰기 위해 분주히 스스로를 채근

했다고 말한다. 그러나 도글리오니조차 폰테의 이러한 관념을 '잘못된' 것이라고 낙인을 찍었다는 사실은, 그러한 편견이 폰테 주변의 전반적인 문화 속에서 그다지 일반적인 기조는 아니었다는 사실을 방증한다. 실제로 당시 베네치아는 귀족 여성들이 문화를 선도했던 주변의 만투아(Mantua)와 페라라(Ferrara)와 같은 궁중 문화의 도시들과, 베로나(Verona), 비첸자(Vicenza)와 같이 베네치아 본토에 있는 다른 도시들에 비해 여자들을 대하는 태도에 있어 좀 더 보수적이었다.

폰테는 그녀가 사는 도시의 경계를 넘어 보다 자유로운 문화가 존재한다는 사실을 충분히 인식하고 있었다. 어린 시절 그녀는 베네치아 북부에 있는 프리울리(Friuli) 지방의 사칠레(Sacile)라는 도시 근방의 의붓외할아버지 사유지에서 여름을 보내곤 했다. 그녀가 편지를 주고 받는 사람들 중에는 베네치아 본토의 젊은 여성 작가도 있었다. 로비고(Rovigo)에 사는 이시크라티에 몬티(issicratea Monti)라는 작가였는데, 그녀는 뛰어난 웅변술로 유명해서 이미 청소년 시절에, 그곳을 방문한 합스부르크 황제에게 바치는 연설자로 선발되기도 했다. 폰테는 또한 페라라에서도 소식을 주고 받는 사람이 있었는데, 명성으로 알게 된 페라라 궁정의 여자 스타 중 한 명이었던 뛰어난 기교의 가수 로라 페베라라(Laura Peverara)였다.

이러한 사례들이 보여 주듯, 이 시기의 이탈리아 여자들은 유럽의 타국가에 비해 비교적 높은 문화적 가시성에 노출되어 있었고 또한 그것을 즐겼다. 우리는 15세기에 이미 드문드문 퍼져 있는 학식 있는 이탈리아 여성들이 현재 우리가 알고 있는, 고대 그리스 로마 문화의 모방과 연구에 기원을 둔 르네상스 인문주의 운동에 참여하는 모습을 목격한다. 16세기, 토착어가 문학 언어로써 라틴어에 필적할 만큼 부상했을 때, 그리고 인쇄 기술의 발전과 함께 글을 읽고 쓰는 인구가 확산됐을 때, 글을 쓰는 여성들이 급증하기 시작했고, 그들은 자신들의 작품을 출판하기에 이르렀다. 1540년대와 1550년대는 뛰어난 여성 시인들의 활동을 목격할 수 있으며, 여기에는 이탈리아 르네상스의 가장 생동감 넘치고 눈에 띄는 사랑시의 저자인, 베네치아의 가스파라 스탐파(Gaspara Stampa)와, 이탈리아 종교시의 전통 속에서 강력한 혁신자 역할을 했던 로마의 빅토리아 콜론나(Vittoria Colonna)가 포함되어 있다.

따라서 모데라타 폰테는 글을 쓰고 자신의 책을 출판하길 열망하는 여자로서 신기원을 이룬 인물이라고는 할 수 없으나, 그렇다고 해서 그녀 작품의 대담성과 진기함을 평가절하할 수는 없다. 16세기 중반에, 여자들의 글쓰기는 대개 서정시 장르와 서간문에 국한되어 있었다. 폰테가 20대 중반에 중

세 기사에 관한 장편 연애소설을 출판함으로써 자신의 문학적 이력을 시작했을 때, 이것은 이탈리아 여성으로서 문학적 야망에 대한 새로운 이정표를 제시하는, 매우 흔치 않은 일이었다. 『여성의 진가』도 마찬가지다. 이것이 여성에 의해 씌어진 최초의 대화체 형식의 소설은 아니지만, 그 규모와 복합적인 구조, 그리고 책이 다루는 광범위한 주제의 범위는 이 책을 매우 새로운 것으로 부각시켰다. 15세기 초반 크리스틴 드 피잔(Christine de Pizan)[1]의 시기 이후로, 여성들은 규모 있고 야망 넘치는 글을 시도하지 않았다. 그러나 드 피잔이 국외자였던 이곳 이탈리아에서, 폰테는 여성들의 글쓰기가 강한 추세를 형성하리란 걸 예측했다. 1580년과 1620년 사이, 60여 명에 이르는 이탈리아 여성 작가들은 서사시, 전원극, 비극, 산문, 운문 등 다양한 종류의 단독 저술 작품들을 출판했다.

1. 크리스틴 드 피잔(Christine de Pizan)은 유럽 최초의 여성 작가로, 베네치아에서 태어나 아버지를 따라 프랑스로 이주하여 그곳에서 성장했고, 25세에 남편을 잃은 후 생계를 꾸리기 위해 글을 쓰기 시작했다.

『여성의 진가』의 대화와 토론

이탈리아 르네상스 시대에 유행하던 많은 문학 양식처럼, 대화체 또한 플라톤 · 키케로 · 루치안과 같은 고대 작가들의 영향을 받아 형성된 고전에서 빌려 온 것이다. 가장 기본적인 차원에서, 대화체는 어설프게 설정된 무대 위에서 정형화된 화자들 사이에 오가는 무미건조한 문답 형식과 같은 것일 수 있다. 반면 가장 정교하게 씌어진 경우에는, 특별한 사회적 협역 문화(소집단의 문화)의 생생한 담화를 제공하는 동시에 문화적 · 철학적 질문들을 세련되고 재미있는 방식으로 논의하는, 풍부한 상상력이 깃든 예술 작품이 될 수도 있다. 서로 다른 의견으로 반목하는 형식은 장르에 생기를 주는 힘이다.

16세기의 한 이론가는 이러한 대화체를, 생각의 충돌을 통해 진실의 불꽃을 일으키는 지적 불쏘시개로 비유하기도 했다. 현대식 용어를 빌려 표현하자면, 대화체를 지식 생산과 전달을 '게임화시키는' 과정으로 말할 수 있을 것이다. 대화는 빈번하게 서로 경쟁하는 토론 게임으로 자신들의 대표 의견들을 체계화한다. 우리는 『여성의 진가』에서 이러한 견본을 엿볼 수 있다. 한 그룹의 대화자들은 남자를 비판하는 역할을 하고, 다른 그룹의 대화자들은 그들을 방어하는 역할을 한다.

대화체의 글을 쓴 16세기의 작가들은 모데라타 폰테와 같이 침착함과 활달함이 동시에 깃든 대화체 형식을 쓰지 못했다. 폰테는 일단의 여성들을 단독 대화자들로 등장시켜 대화를 써나가는 흔치 않은 선택을 했다. 여성들은 이 책이 정의하고 있는 소위 '여자들이 집에서 나누는 대화(domestic conversation)', 즉 허심탄회하고 다정하고 자발적인 대화에 참여한다. 화자들은 다양한 주제들에 관해 남자들의 개입에 대한 부담 없이 대화를 나누며 자신들이 느끼는 자유에 대해 말한다. 16세기의 많은 대화체 소설들은 사실상 단 한 사람의 화자가 대화를 주도하는 독백체가 주를 이루지만, 폰테는 대화가 처음부터 끝까지 보다 자유롭게 흘러가도록 주의를 기울였다. 몇몇 비평가들이 폰테의 또 다른 자아로 보았던, 학식 깊은 젊은 시인 코린나는 대화에서 주도적인 역할을 한다. 그런 코린나조차 그녀의 의견에 반대하거나 전혀 새로운 방향으로 대화를 이끄는 다른 화자들의 등장 없이 한 페이지 이상 혼자 이야기를 이끄는 경우는 거의 없다.

폰테는 앞서 언급했던 토론 구조에 따라 대화를 구체화시키고, 작품 전체에 흐르는 '남성을 옹호하거나 반대하는' 주제를 명확히 한다. 그러면서도 화자들이 자주 대화의 흐름에서 벗어나 딴 길로 새는 것을 보여 줌으로써 대화가 자연스럽게 흘러가도록 이끌어 전체 구조의 균형을 잡는다. 이러한 모습은 특히 둘째 날에 두드러진다. 다른 화자들의 분위기에 못 이겨 코린나는 자연의 세계(동물, 생선, 식물, 돌, 강, 봄)와 사회적 문화적 세계(베네치아 정부와 직업과 예술)에 관한 제법 '과학적인' 논고 스타일로 이야기한다. 이는 대화에 보다 백과사전적 범위를 제공하려는 분명한 의도이다. 코린나가 지엽적인 샛길로 빠지는 것을 성가시게 느끼는 여주인, 레오노라는 계속해서 그것을 저지한다. 레오노라는 대화를 다시 남성에 반목하는 주제로 돌려놓으려고 한다.

폰테는 대화가 샛길로 새는 산만함을 통해 보다 깊은 주제의 통일에 주의를 환기시키려는 수단으로써, 상당히 애매모호하게 들리는 것들에 대한 레오노라의 반복적인 불만 표시를 효과적으로 사용한다. 명백히 화제에서 벗어나는 주제라고 해도 자연의 세계에 대한 코린나의 학식 넘치는 이야기는 대화가 담고 있는 페미니즘의 주제와 깊이 연관되어 있다. 여자들은 교육을 통해서, 그리고 그들을 둘러싼 상징적이고 두서없는 세계를 제대로 해석함으로써, 종속된 자신들의 위치에서 탈출할 수 있다는 것이다. 『여성의 진가』의 이 두 번째 단락은 집이라는 울타리 바깥으로 여성들을 인도하며 그들의 영역을 온 우주로 넓히고 있다.

자연, 관습, 그리고 성의 계급

『여성의 진가』의 두 번째 단락에서 그린 자연계는 지진·기근·오염 등에도 불구하고 목적이 분명한 세계이며, 근본적으로 자비로운 세계이다. 신은 그가 가장 사랑하는 피조물인 인류의 거주지로 세계라는 거대한 매커니즘을 창조했다. 신의 섭리는 인간의 건강을 보존하도록 돕는 식물과 광천수와 보석 속에 치유의 힘을 비밀리에 숨겨 놓았으며, 또한 인간에게 영양과 즐거움을 공급하기 위해 이 세계를 과일과 농작물과 동물로 채워 놓았다. 두 번째 단락에서 가장 서정적인 대목 중에 하나는 '우정'에 대한 찬가를 부르는 대목이다. 우정은 개인들과 공동체를 평화와 사랑 안에서 하나가 되게 해주는 것처럼, 우주적 차원에서도 조화의 요소들을 결합시키는 우주의 지배 원리이다.

『여성의 진가』의 페미니스트 화자들이 성토했듯이, 당시 베네치아의 남녀 관계가 의심할 나위 없이 사회적으로 비우호적인 관계였다는 것은, 앞서 말한 자연스런 조화와 우주적 '우정'의 배경에 반하는 것이다. 남녀는 똑같이 살과 피를 지니고 있는 동일한 종족이며, 신에 의해 서로 동반자로 창조되었다. 그러나 남자들은 자신들이 여자에 비해 우월하다고 굳게 확신한 나머지, 근본적인 진리를 볼 수 없게 되었다. 여자들은 '타자화'되어 덜 중요한 존재로 간주되고, 스스로 자활할 수 있도록 돕는 교육과 자원이 허용되지 않고, 구차한 의존의 입지로 몰린 채 남편이나 아버지로부터 가해지는 학대를 받아들일 수밖에 없었다. 여자들은 '독재'의 희생양, 즉 불법 통치의 희생양인 것이다. 이는 베네치아에서는 특수 권력이 저지르는 죄에 대한 고발이나 다름없었고, 대부분 군주제로 통치되는 유럽에서 이러한 사회 풍토에 이의를 제기하는 행위는, 공화주의적 자유의 드문 신호탄으로 자부심을 느낄 만한 것이었다.

여자들에 대한 남자들의 통치가 독재가 된다는 관념은 사회적 비판의 차원에서뿐만이 아니라 철학적인 차원에서도 당시에는 도전적인 생각이었다. 고대 그리스의 사상가 아리스토텔레스에 기원을 둔 그 시대의 철학적인 통념은 남자에 대한 여자들의 복종을 학대나 왜곡이 아닌 일종의 적법한 자연계의 질서로 보았다. 실제로 아리스토텔레스는 가정의 구조를 정치 조직의 패러다임으로 삼았다. 그건 바로 소위 그 자연스러움 때문이었다. 자유로운 성인 남자는 인간이라는 종의 가장 이성적이고 완벽한 전형으로 가정 내의 권리를 갖고 지배성을 띠게 된다. 여자와 아이와 노예는 다양한 방식으로 종속된 존재이다. 그건 바로 그들이 지배가 아닌 복종에 알맞은 부실한 이성을 지녔기 때문이라는 것이다.

폰테가 이러한 통념에 도전한 최초의 사상가는 아니다. 오히려 이러한 논쟁의 본체는, 아리스토텔레스가 주창한 남녀의 계급적 관점에 반하면서, 그리고 여자는 천성적으로 남자와 평등하며 여자의 복종은 관습의 문제라는 대체 관점을 견지하면서, 15세기와 16세기에 걸쳐 발전되었다. 크리스틴 드 피잔은 예외라 할지라도, 16세기 말에 이르기까지 이러한 여성의 위상을 주장했던 대부분의 작가들은 초연하고 이론적인 태도로 글을 썼는데, 몇몇 학자들은 르네상스의 여성 논쟁(querelle des femmes)을 기껏해야 지적 게임과 같은 것으로, 수사적 쇼를 위한 기회 따위로 간주할 정도였다.

『여성의 진가』는 매우 독특한 책이다. 폰테는 이 책에서 고대의 유명했던 여자들, 생리학에 대한 지식, 남녀 몸의 체액 관련 내용(전통 의학에 따르면 여성의 경우엔 차고 습하며, 남자의 경우엔 뜨겁고 건조함) 등과 같은 르네상스식 '여성 옹호'의 기본 특징들을 담았다. 이러한 관습적이고 박식한 요소들은 페미니즘 화자들이 나누는 대화 중에 상대적으로 적은 부분을 차지하고, 대부분은 그들의 경험과 관찰에 근거해서 동시대 베네치아 사회 속에서 여성들이 처한 곤경에 대해 전례 없이 정황적이고 열정적인 방식으로 묘사한다. 이러한 주장들을 그토록 생생하게 자각된 사회적 맥락 속에 끼워 넣는다는 것은 대화의 매력이자 힘이 되는 부분이다.

폰테는 여성의 가치를 이론적으로 입증하는 것에 관심을 보이지만, 이러한 여성의 가치를 사회적 측면에서 인지했을 때 이들의 삶이 구체적으로 무엇을 의미하는지에 대해 훨씬 더 많은 관심을 갖고 있는 것이다.

하나의 개인

이 책을 통해 폰테가 시도한 대담한 실험은 또 다른 베네치아를 상상하는 것으로 보인다. 그 안에서 여성들은 결혼하지 않는 쪽을 선택할 수 있고, 수녀를 제외한 모든 여성이 중요한 삶의 경험을 자유롭게 결정할 수 있는 것이다. 『여성의 진가』에서 가장 고등 교육을 받은 여성, 코린나는 자신이 독신으로 남기로 한 결정에 대해 신랄한 논리를 펼친다. 동일한 의견을 지닌 젊은 과부 레오노라는 다시 결혼하느니 차라리 물에 빠져 죽겠다고 말한다. 이러한 대화가 펼쳐지는 장소는 코린나와 같은 삶을 선택했던, 레오노라의 숙모가 설계한 정원이다. 이 정원의 중심에는 자유롭게 선택한 독신 생활의 즐거움을 위한 일종의 성명서와도 같이 우화적인 분수대가 특색 있게 자리하고 있다.

이렇게 독신의 선택이 당시 베네치아 여성들에게 얼마만큼 현실적인 일이었는지 묻는 것은 흥미로운 질문이다. 폰테는 코린나가 미혼의 평신도로 제3수도회 회원임을 넌지시 암시하는 호칭으로 그녀를 '젊은 디메사(dimmessa, 겸손한 자)'라고 부른다. 이는 중세의 플랑드르 지방의 베긴회[2]와 비슷한 '겸손한 이들(Dimesse)'로 불리는 단체이다. 몇몇 용감한 베네치아의 여성들은 이 시기에 결혼 밖의 삶을 실험하기 위해, 신부지참금이 부족해서가 아닌, 스스로의 선택에 의해 이러한 신분을 이용했다. 폰테는 용감무쌍한 독신의 이상을 공들여 손질하는 데 있어서, 고대 그리스의 여전사나 로마 신화의 여자 사냥꾼 다이아나와 같은 여성 자율권의 고전적 전형을 현대 베네치아 버전으로 옮겨 온다. 그녀는 대화의 장소를 베네치아의 실제 세계와는 동떨어진 장소로, 아니 경계 지점 또는 문턱과 같은 장소에서 환상 세계와 실제 세계 사이 어디쯤엔가 유예 중인, 레오노라의 숙모가 설계한 정원을 일시적인 여성들의 유토피아로 삼는 데 주의를 기울였다.

---

2. 13세기 십자군전쟁으로 남편을 잃은 여성과 미혼 여성을 주축으로 결성된 수녀원

역사적인 현실성과 어떤 관계가 있든지, 『여성의 진가』에서 독신 상태를 옹호하는 하나의 기능은 여성 자율성의 역량과 자유를 향한 동경에 대해 강력한 진술을 만들고자 하는 것이다. 자유는 우정과 더불어, 폰테의 화자들이 번갈아 거론하는, 대화에서 반복적으로 나타나는 주제이다. 이는 상황적으로 매우 중요한 이슈이다. 베네치아와 자유와의 관계는 작품의 첫머리에서 강조된 바 있다. 거기서 우리는, 바다에서 태어난 도시는 '바다 자체만큼 자유롭다'는 것과 거주민들은 '놀랄 만한 자유'를 구가한다는 사실을 배웠다. 그러나 대화의 흐름에서 볼 수 있듯이, 이 전설적인 공화주의적 자유는 남자들에게만 속해 있다. 그들은 이 도시의 우쭐대는 귀족들이다. 대조적으로 베네치아의 여자들은 도금된 새장, 또는 그보다 못한 새장에 갇힌 채 구속된 삶을 살아간다. 여자들에게 자유란 무엇인가에 대한 폰테의 탐구는 아마 『여성의 진가』에서 다루는 가장 큰 철학적 참신함일 것이다. 폰테가 살았던 사회를 살펴볼 때, 엘리트 여성들에게 사회 운동과 사교의 자유는 성적 '순결'을 지키기 위해, 그리고 그렇게 가정의 명예를 보존하기 위해 철저히 제한되어 있었다. 이러한 맥락에서, 여성에 대한 개념과 자유를 동일선상에 놓는 것은 마치 성적 방종을 위한 방안처럼 보이는 미심쩍은 시선을 불러올 수도 있는 것이다.

폰테의 페미니스트 화자들은 여성을 어린애 취급하는 논리를 경멸한다. 그러한 논리 안에서는 최악의 경우, '사방이 벽으로 둘러싸인 곳에서 동물처럼 갇혀 있는' 처지에 놓이게 되는 것이다. 대신, 그들은 외부의 제약 없이도 스스로 도덕적으로 통제할 수 있는 이성적인 존재라는 사실을 강조한다. 그들은 또한 타고난 여성 특유의 따뜻함이 인류 공동체 사회의 안녕에 중요한 기능을 한다 해도, 여성의 존재 목적이 그들의 남편과 아이들을 돌보는 데 한정될 수만은 없다고 주장한다. 폰테의 여성들은 교제를 즐기고, 배움과 지적인 몰입과 창의적인 일에서 기쁨을 발견한다. 그들은 아무런 제약 없이 말할 수 있는 자유와, 자기 자신에 대해 스스로 정의 내리는 자유에 대해 큰 즐거움을 느낀다. 비록 대화 내용에서 당대와 현대의 차이에서 오는 괴리가 있긴 하지만 (가령, 오늘날 우리는 더 이상 불사조의 존재나 태양이 지구 주위를 돈다는 사실을 믿지 않는다), 그것을 감안하더라도 폰테의 화자들은 놀랍도록 현대적이다. 그들이 살았던 현실과 우리의 삶이 늘 일치하는 건 아니지만, 여전히 우리는 그들이 꾸는 꿈속에 들어가 있는 스스로를 발견하게 된다.

버지니아 콕스는 뉴욕대학교의 교수로 『이탈리아 르네상스 여성들의 서정시』(2013)와 『이탈리아 르네상스의 짧은 역사』(2015) 등 수많은 저서가 있다.

모데라타 폰테의 삶

지오반니 니콜로 도글리오니(Giovanni Niccolo Doglioni)

1593년에 씌어진 『인생(The Life)』은 폰테의 부모, 지롤라모 다 포조와 마리에타 달 모로의 결혼을 묘사하는 장면부터 시작된다. 지롤라모는 베네치아 중간 계급 출신의 젊고 부유한 변호사였고(소개 참조), 마리에타 역시 변호사인 프로스페로 사라체니의 의붓딸이었다. 그들은 1550년대 초반에 결혼했다.

지롤라모의 아내는 1553년 아들 레오나르도를 낳았고, 2년 후 '성 비토와 모데스토의 날'에 이 책을 지은 여자아이가 태어났다. 이 여자아이는 산 사무엘레의 교구 교회에서 세례를 받고 모데스타라는 세례명을 얻었다. 모데스타가 첫돌이 되기도 전에, 그녀의 부모는 모두 세상을 떠났고, 고아가 되어 버린 이 아이는 누구라도 상상할 수 있는 딱한 처지가 되었다.

그나마 다행이라고 말할 수 있는 건, 친척들이 1년에 오백 더컷(ducats)[3] 이상씩 그들에게 주어지는 유산으로 이 고아를 돌보기 위해 서로 최선을 다했다는 점이다. 아이들은 외할머니(세실리아 드 마찌)와 그녀의 남편(메세르 프로스페로 사라체니)에게 맡겨졌다. 그들은 아이들을 부지런하게 돌보고 키웠다. 그러다가 갑자기 어떤 친척이 나타나 이 어린 소녀를 산타 마르타 수녀원에 돈을 지불하고 위탁했다.

수녀원에서 모데스타의 생기 넘치는 지성은 모두의 호감을 불러일으켜, 수녀원의 자매들로부터 사랑과 애정을 듬뿍 받았다. 수녀들은 그녀에게 그곳에서 보통 가르치는 연주 작품들을 지도했다. 모데스타의 기억력은 비상했다. 그녀는 이러한 곡들을 한 번 보자마자 그대로 따라 할 수 있을 정도여서 모두를 놀라게 만들었다. 어떤 부인은 수녀원을 방문할 때마다 이 어린 소녀를 찾았고, 마치 이 소녀가 기이하고 놀라운 자연의 이상 현상인 것처럼 경이감에 사로잡혀 그녀의 연주를 듣곤 하였다.

어느 날 수녀원에 유명한 설교가인 가브리엘 피암마 신부가 방문했다. 신부는 이 소녀가 말하는 것을 유심히 듣고, 깜

---

3. 과거 유럽 여러 나라에서 사용된 화폐

짝 놀라 그녀를 육체로부터 완전히 분리된 영혼, 즉 '육신에 속하지 않은 영혼'처럼 느껴진다고 말하기까지 했다. 어린 모데스타는 그의 말이 일종의 모욕이라고 생각했는지, 거대한 고래처럼 보이는 이 종교 지도자를 향해 번개처럼 빠르게, 그녀가 그에게 육신이 없는 영혼처럼 느껴진다면 그는 그녀에게 영혼이 없는 육신처럼 느껴진다고 쏘아붙였다. 신부는 이 어린 소녀의 재빠른 반격과 동시에 사람의 마음을 끄는 태도에 매혹되었다.

모데스타가 아홉 살이 되었을 때, 그녀는 수녀원을 떠나 의붓외할아버지 사라체니의 집으로 다시 돌아가게 되었다. 그곳에서 그녀보다 몇 살 더 먹은 사라체니의 딸, 사라체나 사라체니와 함께 지내게 되었다. 의붓외할아버지 사라체니는 문학에 소양이 있었는데, 특히 시를 좋아해서 이 어린 소녀는 그를 모방하고 그와 경쟁하는 마음으로 스스로 시를 짓기도 했다. 모데스타는 그녀 나이에 비해 놀랄 정도로 시를 잘 지었다. 사라체니는 그녀의 천부적 재능을 알아차리고, 지속적으로 새로운 주제로 글을 쓸 것을 제안하고, 읽고 공부할 책들을 계속 공급하면서 그녀의 시 쓰는 재능을 고무시키기 시작했다. 동시에 그녀의 오빠가 학교에서 돌아오면 어린 모데스타는 그에게 학교에서 무엇을 배웠는지 알려 달라고 졸라 댔다.

그리고 그녀의 오빠가 들려주는 이야기에 깊은 인상을 받으면서 속속들이 그녀의 기억 속에 저장했다. 그리고 글자를 공부하는 데 몰두하여 곧 어떤 라틴 책도 술술 읽을 수 있게 되었고, 라틴어로 꽤 훌륭히 글을 짓기까지 했다.

어린 모데스타는 글 쓰는 일에 전념했고, 그것에 뛰어난 소질을 보였다. 글쓰기에만 비범한 능력을 보이는 건 아니었다. 그녀는 거의 모든 방면에 걸출했다. 어떤 가르침도 없이 자신 앞에 있는 사물에서 생명력을 뽑아 낼 수 있었고, 이런 그녀를 보게 되면 누구나 놀라워하지 않을 수 없었다. 어린 모데스타는 하프시코드와 류트를 연주했고, 노래도 잘 불렀다. 그녀의 산술법은 독창적이었고, 손글씨는 날래면서 깔끔하고 명확했다. 바느질 솜씨도 뛰어났다. 그녀는 자수의 패턴이나 스케치에 대해 한 번도 배운 적이 없는데도, 놀란 구경꾼들 앞에서 자신에게 주문한 주제나 디자인을 척척 수놓으며 문양에 생동감을 불어넣었다.

나는 모데스타가 성인이 되었을 때 그녀가 어릴 때부터 한 집에서 함께 자라온 사라체니의 딸과 결혼했다. 친자매처럼 생활해 온 그들이었기에, 모데스타는 내 아내와 떨어지는 걸 견딜 수 없어 했다. 그래서 우리가 결혼한 후에도 모데스타는 우리 집에서 머물면서 함께 살게 되었다. 이 시점까지, 그녀의 재능은 그냥 묻혀진 채로 있었다. 그러나 나는 곧 그것을 발견했고, 그 비범함을 세상에 알려야겠다고 마음먹었다.

나는 모데스타가 계속 글을 쓰도록 격려했고, 그녀의 작품을 출판할 수 있도록 그 과정을 조율해 주었다. 모데스타가 우리 집에서 머무르는 동안, 그녀는 『플로리도로(Floridoro)』를 썼다. (판본에는 장편 시만이 아닌, 다른 작품들도 게재되어 있다.) 그녀는 또 베네치아의 총독 앞에서 공연된 몇 편의 가면극 뿐만 아니라 『그리스도의 열정』과 여러 주제로 수많은 소네트[4], 칸초네[5], 마드리갈[6]을 썼다.

내가 그녀의 결혼을 계획할 때까지 모데스타는 우리 집에서 머물렀고, 누군가 워터웨이즈 오피스(The Waterways Office)에서 세금 변호사로 일하는 성공한 신사 메세르 필립포 드 조르지를 소개했을 때, 나는 일반적인 사항들을 점검 확인한 후 둘의 결혼을 성사시켰다. 둘 사이에는 아들과 딸 둘이 있었고, 당시 나이는 열 살, 여덟 살, 여섯 살이었다. 결혼 후 모데스타는 자식들 안에 가장 빛나는 소질을 십분 키워 주기 위해 할 수 있는 모든 노력을 기울이며 자식들을 키웠다. 자식들 모두

4. 10개의 음절로 구성되는 시행 14개가 일정한 운율로 이어지는 14행시

5. 중세 이탈리아의 서정시

6. 14세기와 16세기에 이탈리아에서 성행한 자유로운 형식의 성악곡

그들 또래의 아이들과는 거의 비교할 수 없을 정도로 뛰어났다. 세 아이들은 라틴어에 능숙했고, 악보를 보고 즉석에서 노래하고 연주할 수 있었고, 각자의 파트를 비올라로 연주하였다. 주변 사람들은 아이들의 능력에 놀라워했다. 그러나 잔인한 운명으로 마돈나 모데스타는 또 한 명의 자식을 출산하고 나서 세상을 떠났다. 남겨진 사람들은 크나큰 상실감에 빠졌다. 그녀의 죽음은 누구보다도 그녀의 자녀들, (그들의 아버지는 일에만 빠져 있었기 때문에) 모데스타 혼자 가르치고 키웠던 그 가여운 어린 것들에게는 엄청난 충격이었다.

1592년 모데스타는 '위령의 날(All Souls' Day)'[7]의 아침에 사망했다. 그녀의 죽음은 그녀를 알았던 모든 사람들을 회복 불가능한 슬픔과 깊은 비탄에 빠뜨렸다. 한 가지 놀랄 만한 일은, 그녀가 죽기 바로 전날, 계속 써 왔던 책의 대화문을 끝냈다는 점이다. 그녀는 책의 제목을 『여성의 진가(The Merits of Women)』로 붙여 놓았다. 그녀의 삶의 기록과 함께 출판된 바로 이 작품이다.

모데스타는 가정을 꾸려 가는 데 탁월해서, 그녀의 남편은

7. 가톨릭교회의 축일. 11월 2일. 모든 사자(死者)를 위해 기도하는 날로, 살아 있는 자의 기도와 모든 성인(聖人)의 크나큰 공덕에 의해 사자는 사후(死後)의 정화(淨化)를 받는 장소인 연옥에서 빨리 나올 수 있다고 생각되고 있다.

집안일에 전혀 신경 쓸 필요가 없었다. 그리고 그녀는 실로 놀랄 만한 기억력을 지니고 있어, 나는 그녀가 교회를 다녀온 후 토씨 하나 빼지 않고 설교를 고스란히 반복하는 것을 봐 왔다.

또한 그녀는 속독 능력이 뛰어나 거의 모든 걸 기억하면서도 빈틈없이 줄거리를 말할 수 있었다. 그녀는 종종 앞으로 어떤 일이 일어날지 정확히 예측하는 지성을 사용하기도 했다. 그건 마치 신성한 예언의 능력처럼 느껴졌다. 그리고 시를 쓸 때조차 믿을 수 없이 빨리 썼다. 어느 날 밤 그녀는 꿈을 꾸었다고 했는데, 다음 날 아침 꿈 내용에 따라 머릿속에서 지은, 36개 연으로 구성된 시를 막힘 없이 써내려 갔다. 『플로리도로』와 다른 작품들도 이런 식으로 씌어졌다. 그녀는 바느질과 같은 주부가 할 일에도 충실했고, 여자는 살림 외에는 어떤 것도 잘할 필요가 없다는, 오늘날 우리 도시에 만연해 있는 거짓된 관념 때문에라도 더욱더 이런 가사 노동에 게을리하지 않았다.

그녀가 죽자, 그녀의 남편은 매장지로 산 로코(San Rocco) 성당 근처의 성 프란체스코 수녀원을 생각해 냈다. 그곳에 그녀는 묻혔고, 라틴어로 씌어진 묘비명에는 다음과 같이 새겨졌다.

모데라타 폰테라는 필명 아래 토스카나어로 운문과 산문을 쓰면서 수많은 지적 자식들을 절묘하게 생산해 낸, 최고의 학식을 갖춘 여성, 모데스타 다 포조 이곳에 잠들다. (안타깝도다!) 자연 분만 중에 딸에게는 생명을 주고 스스로는 죽음을 맞이하다. 워터 오피스의 변호사, 필립포 조르지가 가장 사랑하는 그의 아내를 기리기 위해 이 비석을 세우다.

신이시여, 이 삶에서 당신이 그녀에게 비범한 지성과 미덕을 허락하신 것처럼, 그 무한한 선량하심으로 다음 생에는 그녀를 도우시고 당신에게 가장 헌신하는 자들 중 그녀를 인정하소서. 그리하여 그녀가 여기 지구 위에서 가장 충직하게 믿는 것, 그리고 그녀가 시에서 보여 주는 가장 영웅다운 것을 현실 속에서도 충분히 즐기며 살아갈 수 있게 하소서.

1593년

The MERITS *of* WOMEN

"여자는 필연적으로 남자에게 종속된 존재라고 말할 때,
이는 인간이 자연 재해, 질병, 삶의 모든 사건 사고에 종속된
존재라고 말하는 것과 같다."

첫째 날

더없이 귀족적인 도시, 베네치아는 아드리아해의 먼 해안에 그 멋진 자태를 눕히고 있다. 바다 위에 건축된 이 도시는 도시 전체를 둘러싼 담벽들과 보호 요새와 그 사이로 드나드는 출입구로 구성되어 있다. 사실 베네치아는 바다 자체와도 같다. 바다는 주택들 사이로 갈라진 운하들을 따라 흐르고, 편리하게 조성된 주 도로 덕분에 사람들은 작은 배를 타고 목적지로 향한다. 바다는 이 도시의 고속도로이며, 툭 틔어 있는 전원 지대라고 할 수 있다. 바다를 통해 각 지역으로부터 물품들과 차량들이 드나든다.

누가 봐도 베네치아는 특이한 도시이다. 베네치아는 한 권의 소설이자, 신이 예술적 솜씨를 발휘하여 만들어 낸 기적의 도시이다. 고결함과 품위의 측면에서 보자면, 고대 도시와 현대 도시를 훌쩍 능가할 정도이다. 매우 공정하게 표현해서, 베네치아는 우주의 중심지라 불릴 만하다. 그 장려함과 아름다움은 형언하기 어렵고, 풍요로움은 무궁무진하다. 이곳의 거주자들이 만끽하는 화려한 건물들, 호화로운 의상, 놀랄 만한 자유는 상상할 수도, 표현될 수도 없을 만큼 대단하다.

사람들은 이곳의 삶을 지극히 사랑한다. 이곳에 일단 발을 들여놓으면 하나같이 이곳 생활의 달콤함에 도취되어 도저히 떠날 수 없는 자신을 발견한다. 그렇게 이 도시에는 다국적 사람들이 모여 산다. 우리 몸의 사지와 정맥이 심장과 연결되어 있듯이 세상의 모든 도시와 장소는 베네치아와 연결되어 있다. 돈은 다른 어느 곳에서도 찾아볼 수 없을 만큼 넘치도록 흐르며, 이곳은 바다만큼 자유롭다. 가장 멋진 건 이 도시가 매우 다양한 인종과 관습이 공존함에도 불구하고 믿기 어려울 만큼 평화롭고 정의로운 통치가 이루어지는 땅이라는 점이다.

자, 그럼 진실로 신성한 이 도시에, 지금으로부터 그다지 오래되지 않은 시기에 살았던 고상하면서 활달한 기상을 지닌 여성들에 대해 얘기해 보기로 하자. 이들은 서로 나이와 결혼 여부는 다르지만, 모두 이 도시에서 가장 존경받는 가문의 출신들이고 비슷한 가정 환경과 취향으로 연대감을 느끼며 따뜻한 우정을 나누는 관계이다. 그들은 조용한 대화를 나누기 위해 종종 시간을 내기도 하는데, 이럴 때 그들은 남자들이 옆에 없다는 안도감과 감시당하는 두려움에서 벗어나 허심탄회하게 관심 주제에 대해 이야기한다. 때로는 음악을 좋아하는 사람이 류트를 연주하거나, 하프시코드의 음율에 맞춰 자신의 감미로운 목소리로 멋진 오락거리를 선사한다. 시를 좋아하는 사람은 품격 있는 소설과 작품 등을 낭송하며 생기 넘치고 기분 좋은 매너로 이 품위 있는 청중들을 즐겁게 해준다.

이 여성들은 총 일곱 명이다. 이 중 가장 연장자이자 과부인 아드리아나, 혼기가 꽉 찬 그녀의 딸 버지니아, 젊은 미망인 레오노라, 그리고 루크레티아라고 하는 나이 든 유부녀와, 젊은 유부녀 코넬리아, 젊은 디메사(dimmessa, 겸손한 자)[8] 코린나, 그리고 어린 신부 헬레나가 있다. 헬레나는 어린 신부로 잠시 이들과 떨어져 있다. 남편을 따라 이탈리아 본토의 근처 빌라로 이사했기 때문이다. 결혼식 이후로는 이들 모두 그녀를 만나지 못했다. 이 멋진 친구들은 젊은 미망인인 레오노라가 최

---

8. 앞서 소개에서 설명했듯이, 이는 중세의 플랑드르 지방의 베긴회(13세기 십자군 전쟁으로 남편을 잃은 여성과 미혼 여성을 주축으로 결성된 수녀원)와 비슷한 '겸손한 이들(Dimesse)'로 불리는 단체에서 빌려 온 용어로, 코린나가 미혼의 평신도로 제3수도회 회원임을 암시한다.

근에 제법 멋진 정원이 딸린 집을 유산으로 받았다는 소식을 듣고 기회가 닿는 대로 그곳을 방문하기로 마음을 먹었다. 그리고 마침내 어느 날 이 매력적인 젊은 미망인의 집을 방문했다. 서로 인사를 나눈 후 그들은 여주인의 안내에 따라 통풍이 잘 되는 밝은 방으로 들어갔다. 때는 여름이 정점에 다다를 때였다. 거기에서 나이 든 여성들은 발코니로 나가 대운하를 바라보면서 신선한 공기를 즐기고, 그 아래 지나가는 곤돌라를 감상하며 시간을 보냈다. 버지니아와 같은 젊은 여성들은 창가에 서서 정원을 내다보기도 하고, 그 또래 여성들이 그렇듯 서로 애정을 담아 장난을 치고 있었다.

잠시 후 선창으로 끌어 올려지는 곤돌라를 보고, 모두 배에 누가 탔는지 궁금해하고 있었다. 그리고 곧 배에서 내리는 사람이 헬레나임을 알게 되었다. 이 어린 신부는 막 시골에서 돌아온 참이었고, 자신의 친구들이 레오노라의 집에 모였다는 것을 듣게 된 것이다. 헬레나는 그들을 보기 위해, 특히 결혼하기 전에 가장 친했던 친구, 버지니아를 만나기 위해 즉시 이곳으로 향했다. 여자들은 헬레나를 보자 기쁨에 겨워 헬레나가 계단을 채 오르기도 전에 그녀를 에워싸고 포옹하며 입맞춤 세례를 퍼부었다. 그리곤 헬레나를 거실로 데리고 가 다들 자리잡고 앉아 그녀에게서 눈을 떼지 못했다. 마침내 버지니아는 헬레나에게 그동안 어떻게 지냈는지, 결혼 후 행복한지에 대해 물었다.

헬레나가 대답하기도 전에, 예리한 재치를 소유한 레오노라가 다음과 같은 말을 하며 끼어들었다.

"버지니아, 어떻게 만인이 이미 대답을 알고 있는 질문을 할 수가 있는 거죠? 여론은, 새 신부는 행복 말고는 다른 걸 느낄 수 없다고 명령하잖아요."

루크레티아가 덧붙였다.

"아이고, 행복에 대해서는 말하지 말자고요. 행복은 사실, 그렇게 느끼도록 기대되는 것이겠지."

마침내 헬레나가 입을 열었다.

"행복이라면, 글쎄요. 행복하다 아니다 말할 수 있는지는 확신이 안 서요. 남편과 함께 있는 게 너무 좋긴 하지만, 그 사람한테 다소 실망스러운 면을 하나 봤거든요. 제가 외출하는 것에 상당히 완고해요. 저는 초대받은 결혼식이나 연회에 참석할 때에만 외출이 허락돼요. 그게 저로서도 머리도 식히고 기분 전환도 되고, 또 저와 남편의 평판에 누가 되지 않는 활동이기도 하고요. 남편이 제게 잘하고 있다는 사실과, 이렇게 보시다시피 내가 점잖은 부인에 걸맞는 옷을 입을 수 있다는 사실을 세상에 알려야 하는 거죠."

코넬리아가 끼어들었다.

"신께 바라옵건대, 앞으로 헬레나에게 불평보다 더한 최악의 사태는 일어나지 말기를! 하지만 헬레나는 얼마나 빨리 웨딩 케이크가 상하는지에 대해서는 아직 모르는 거지."

그러자 루크레티아가 말했다.

"우리 새색시께서는 아직 이런 진실에 공감하지 않을 테지. 그런 얘기를 믿을 수가 없을 테니까. 물론 헬레나의 말이 맞기도 해요. 새로움의 매력을 지니면 모든 것이 사랑스럽죠."

레오노라가 말했다.

"그 말은, 새로움의 매력을 가지고 있으면 모든 게 사랑스러워 보인다는 뜻인가요?"

"헬레나의 경우, 그녀가 좋은 것 같다라고 하는 건, 좋다라는 의미나 다름없는 거죠. 예를 들어 어떤 음식이 내 입맛에 좋게 느껴지면, 비록 그렇지 않을지라도 그것은 그런 거나 같은 거죠."

이에 레오노라가 다음과 같이 응수했다.

"저 좀 웃기지 마세요. 그게 사실이라면, 하루 종일 뜨거운 오븐 앞에서 땀을 뻘뻘 흘리며 일한 빵집 여자가, 자신의 아이들 옷을 벗기려고 밖으로 뛰쳐나가는 것을 이상히 여기지 말아야 하는 이치와 같아요. 왜냐하면 그녀는 아이들도 자신처럼 더위를 느끼며 힘들어 할 거라고 믿는 거니까요. 한겨울이라는 사실도 까맣게 잊은 채 말이죠!"

코넬리아는 레오노라의 농담에 크게 웃으며 소리쳤다.

"우리가 하고 싶은 걸 맘껏 하게 해달라고 신께 기도해요. 우리를 비난하거나 실망시키는 존재 따윈 신경 쓰지 말고, 서로를 웃게 만드는 이런 농담 같은 것도 실컷 나누면서요."

"바로 그거예요." 레오노라는 말을 이었다. "남자들이 지금 우리가 웃으면서 나누는 이런 대화를 엿듣게 된다면, 얼마나 코웃음을 칠까요! 아마 끝없이 조롱하겠죠!"

루크레티아가 말했다.

"사실, 여자는 여자들과 함께 있을 때에만 진정으로 행복할 수 있어요. 여자에게 일어날 수 있는 가장 멋진 일은, 남자 없이 홀로 살아갈 수 있을 때라니까요."

레오노라가 말했다.

"정말로, 저는 남자 없이 평화롭게 살아가는 데 최고의 행복을 느끼고 있어요. 모두 알잖아요. 자유가 얼마나 기가 막히게 좋은 것인지."

이에 헬레나가 물었다.

"하지만 남자라고 해서 모두 나쁜 건 아니잖아요?"

코넬리아가 이에 답했다.

"원컨대 그렇지 않기를! 오, 부디 헬레나 당신 자신의 경험에서 곧 그것을 증언하는 상황에 놓이지 않기를 바랍니다!"

그러자 버지니아가 말했다.

"누가 알아요? 헬레나가 결국 행운아였다는 게 입증될 수도 있잖아요?"

루크레티아가 말했다.

"글쎄, 그럴 수도 있겠지만. 아무튼 모든 희망을 저버리진 말자고요."

그러자 헬레나가 응수했다.

"여러분이 아무리 남자에 대해 악담을 한다고 해도, 남편을 갖는다는 게 어떤 건지 계속 시험하면서 버지니아의 결혼을 무한정 연기시키지는 않을 거라고 믿어요."

이에 버지니아가 말했다.

"나의 경우라면, 차라리 남편 없이 살아가고 싶지만, 가족들이 원하는 것을 따라야 해요."

그러자 아드리아나가 말했다.

"얘야, 결혼에 관해서라면 난 네 의견을 충분히 존중하고 싶다. 하지만 네 삼촌은 너를 결혼시키기로 결심했어. 네가 그렇게 많은 유산을 상속받았는데, 그건 안전한 손에 들어가야 하거든. 그러니 나로서도 결혼 외에 어떤 해답이 있는지 정말 모르겠구나. 하지만 어쨌든 기운을 내고 두려워하지 말아라. 모든 남자들이 똑같진 않으니까. 아마 너는 다른 사람들보다 행운이 따를지도 모르잖니."

레오노라는 소리쳤다.

"오, 버지니아. 그거 정말 당신이 잡으려고 손을 뻗치고 있는 구명 밧줄 같군요! 거의 실현되기 희박한 그딴 공허한 희망이 지금까지 수많은 가엾은 여자들을 망쳐 왔다고요!"

잠자코 있던 코린나가 입을 열었다.

"우리의 끝없는 희망은 종종 우리를 꼬셔서 파괴로 내몰곤 하죠. 하지만 공허한 희망 따윈 더 이상 나를 속이지 못해요. 남자에게 복종하느니 차라리 죽음을 택하겠어요! 여러분과 함께 하는 이곳의 삶은, 그렇게 살기에는 너무나 소중하니까요. 어느 거칠고 대단한 남자가 내 삶을 지배하려 드는 공포로부터 안전한 삶이죠."

루크레티아가 이 말을 듣고 소리쳤다.

"오, 행복한 코린나! 이 세상 어떤 여자의 행운이 당신의 행운과 비교할 수 있겠어요? 한 사람도 없을 거예요! 과부 중에도 없겠죠. 그들은 일단 고통을 경험하고 나서야 자유를 만끽하게 되었으니 그게 자랑거리는 못되죠. 유부녀 중에도 없을 거예요. 그들은 여전히 고통의 한가운데에 놓여 있을 테니까.

약혼을 기다리는 젊은 여자 중에도 없을 거예요. 왜냐하면 그들이 기다리고 있는 건 아픔 외에는 없을 테니까 말이에요. 속담에도 나와 있잖아요. 남편과 시련은 도착하는 데 그리 오랜 시간이 걸리지 않는다고. 행복하고 행복한 코린나, 모두가 당신을 롤모델처럼 따를 거예요! 게다가 신이 당신에게 그토록 넘치는 지성을 주셨으니 뛰어남을 추구하며 기쁨 속에 살고, 당신의 모든 고귀한 생각들을 학문과 인간과 신을 연구하는 데 바쳤으면 해요. 누군가는 당신이 이 세상의 시험과 위험 속에 둘러싸인 채 이미 천국의 삶에 접어들었다고 말하겠죠. 비록 그러한 시험들이 당신 근처에는 얼씬도 못하겠지만요. 당신은 이제까지 진실하지 못한 남자라는 피조물들과 거리를 둠으로써 이 세상의 고난을 피해 왔고, 또 불멸성을 쟁취하게 될 영예로운 일에 자유롭게 헌신하고 있으니 말이에요. 아, 이러한 주제로 책을 쓰는 일에 당신의 숭고한 지성을 바칠 수도 있을 듯싶군요. 선악의 차이를 모르는 가련하고 모자란 여자들을 위한 따뜻한 경고로, 그들의 참된 관심이 어디에 있어야 하는지를 알려주는 거죠. 이런 식으로 당신은 신과 세상에 당신의 소명을 다하면서 두 배로 영예로운 삶을 살아가는 거예요."

코린나가 말했다.

"그건 분명히 가치 있는 일일 거예요. 저를 일깨워 주셔서 감사합니다. 언젠가는 꼭 그런 작품을 쓰겠어요."

"하지만 이미 당신은 그런 주제에 대해 뭔가를 썼겠죠? 가령, 소네트 같은?"

아드리아나의 물음에 코린나가 대답했다.

"아, 네. 하지만 그다지 훌륭하진 않아요."

아드리아나가 소리쳤다.

"오, 그럼 그렇지! 한번 읊어 봐요! 그걸 들으면 모두가 기쁠 거예요."

여자들이 코린나 주변에 모여들어 간절히 애원하자 코린나는 마침내 겸손한 자세로 분위기를 띄우며 다음과 같이 소네트를 암송했다.

가슴 속에 거주하는 심장은 자유롭다네.
나는 나 외에는 누구에게도 봉사하지 않으리.
얌전함과 공손함은 나의 혈액
미덕은 나를 드높이고 순결은 나를 장식하네.
내 영혼은 오로지 신(神)만을 따르며, 그에게 되돌아가네.
영원하지 않은 베일 속에 여전히 봉인되어 있는 동안에도
내 영혼은 세상의 사악한 속임수를 비웃는다네.
순진한 마음을 파괴하고 덫에 걸려들게 하는 속임수를.

아름다움, 젊음, 기쁨, 화려함
그것들은 단지 내 순수 의지에 바쳐지는 제물일 뿐.
우연이 아닌 내 자유 의지에 의해 바쳐진 제물일 뿐.
그리하여 내 푸르른 날들 속에서도, 더욱 성숙해질 날들과 같이
남자들의 속임수는 내 길을 방해할 수 없으니
나는 명성과 영광을 기다리네. 삶과 죽음 속에서.

이 요조숙녀들은 소네트에 완전히 반해 버렸다. 그들은 시의 감성에 갈채를 보내고, 문체의 자연스러움과 품위에 매료되었다. 모두 코린나에게 칭찬 세례를 퍼부었고 시의 복사본을 달라고 졸랐다. 시에 특히 감명받은 버지니아는 하프시코드로 반주를 하면서 코린나에게 그 시를 노래로 불러 달라고 간청했다. 모두의 갈채 속에서 코린나는 다른 노래들도 연이어 불렀다.

한편 해가 뭉게구름 뒤로 모습을 감추자, 그들은 내려가서 잠시 멋진 정원을 즐기기로 했다. 그렇게 모두 명랑하게 서로의 손을 잡고 계단을 내려왔다.

정원에 이르렀을 때 그들은 아름다움에 압도되어 아무 말도 할 수 없었다. 그곳에는 벽에 붙어 나란히 자라는 작은 에

메랄드 그린 관목들이 피라미드 모양, 버섯 모양, 멜론 모양 등 다양한 종류의 형태로 줄지어 서 있었다. 그 사이사이 정성들여 전지된 월계수, 밤나무, 회양목, 석류나무 등이 조화롭게 섞인 채 잎사귀 하나 삐쳐 나오지 않고 정확히 같은 높이로 줄지어 서 있었다.

그 중 가장 눈을 끌었던 오렌지 나무와 레몬 나무에는 달콤한 향이 나는 꽃과 열매가 달려 있어 눈과 마음을 동시에 즐겁게 해주었다. 나는 여기에 온갖 종류의 감귤 나무와 앙증맞은 꽃들로 가득한, 셀 수 없이 다양하고 사랑스러운 화분들에 대해, 그리고 날씬한 도금양의 숫자와, 삼각형·타원형·사각형 등 시선을 붙잡는 예술적 모형들로 섬세하게 다듬어진, 아주 작은 허브들의 상큼한 정원에 대해 일일이 나열하지는 않을 것이다. 그곳에는 재스민 나무, 미로처럼 꼬아 올라가는 눈부신 담쟁이덩굴, 어느 전문가라도 놀랄 만큼 섬세하게 손질된 작은 회양목 숲도 볼 수 있었다. 그리고 빠질 수 없는 열매! 모든 종류의 계절 과일이 풍성하게 달려 있었다. 그 외에도 유용한 식물들이 장식물들과 아름답게 어우러져 있어, 여자들은 그것들을 빠짐없이 감상하느라 잠시도 쉴 틈이 없었다.

그들은 한 장소에서 다음 장소로 천천히 거닐다가 정원 중앙에 있는 사랑스런 분수대에 이르렀다. 어디에서도 찾아보기 힘든 장인의 손길이 느껴졌다. 분수대는 매우 정교하게 제작되어 있었다. 분수대를 빙 둘러싼 여섯 개의 측면에는 각각 아름다운 여인 조각상들이 서 있었다. 땋은 머리를 한 여인들의 가슴을 타고 제2의 분수처럼 맑고 청량하고 감미롭게 흘러내리는 물줄기는 미학적인 분위기를 자아냈다. 각각의 여인 조각상은 머리에 월계관을 쓰고, 왼손에는 가느다란 올리브 가지와 그것을 감싼 작은 두루마리를 들고 있었다. 두루마리 위에는 어떤 글이 적혀 있었다. 오른손에는 제각기 다른 상징물을 들고 있었다. 그 중 한 조각상의 어깨 위에 눈처럼 하얀 작은 북방족제비가 앉아 있었고, 그것은 물기가 묻지 않도록 가슴에서 조금 떨어져 있었다. 그녀가 왼손에 들고 있는 두루마리에는 다음과 같은 시가 씌어 있었다.

이 몸 어떤 흠집으로 고통받느니 차라리 멸망케 하라.

그 다음 여인의 오른손에는 세계에서 유일하다는 불사조의 상징물이 들려져 있었다. 그녀의 왼손은 아래의 메시지를 들고 있었다.

나는 영원히 홀로 살아가네, 죽음과 부활 속에서.

세 번째 여인은 태양의 상징이었고, 그녀의 모토는 다음과 같았다.

> 홀로 그리고 유일하게, 나는 나 자신과 주변 전체를 밝게 비추네.

그 다음 여인은 손전등을 들고 있었다. 그 불꽃 속에 작은 나비가 죽어가고 있는 것이 보였다. 그녀의 두루마리에는 다음과 같은 말이 씌어 있었다.

> 미(美)의 비전의 제물들을, 나는 내 스스로의 행함으로 불태워 버리네.

다섯 번째 여인의 상징은 복숭아였고, 복숭아 이파리와 다음과 같은 시를 들고 있었다.

> 혀의 전언과 심장의 전언은 서로 너무도 다르다네.

여섯 번째 여인은 악어를 들고 있었고, 그녀의 두루마리에는 다음과 같이 써 있었다.

> 나는 먼저 나의 제물들을 죽이고, 그들이 죽고 나면 그들을 애도하리.

이 조각상들은 전체적으로 볼 때 매우 정교하게 조각되고 훌륭하게 조직되어 사람의 손으로 빚은 인공적인 작품이라기보다는 자연스럽게 살아 있는 것처럼 느껴졌다. 여자들은 조각상들을 바라보며 황홀경과 경이감에 빠졌다. 아드리아나가 레오노라에게 말했다.

"오 세상에, 레오노라, 이런 파라다이스가 또 어디 있을까요? 이곳에 매료 당하지 않을 사람은 세상에 아무도 없을 거예요."

코넬리아가 덧붙였다.

"음, 제가 생각하기엔, 음식과 음료가 더불어 제공되는 파라다이스라면 레오노라가 더 자주 우리를 볼 수 있겠지요?"

그때 레오노라의 가정부가 고급 와인과 당과를 가지고 나왔다. 레오노라가 대답했다.

"아, 더 일찍 초대하지 못해서 죄송해요. 앞으로도 이곳을 자주 찾아주세요.."

그러자 루크레티아가 말했다.

"이 장소만으로도 사람의 마음을 즐겁게 해주니, 굳이 초대하려고 애쓸 필요도 없어요."

그때 코린나가 말했다.

"여러분, 우리가 이 정원에 쏟은 찬사 중에 최고의 찬사를 빼먹었네요. 여기에 남자가 없다는 중요한 사실 말이에요."

헬레나가 거들었다.

"그리고 또 하나 중요한 사실을 잊고 있어요. 이 집의 여주인은 워낙 친절하고 매력적이어서 그 사실 하나만으로도 우리가 여기를 자주 방문할 충분한 이유가 된다는 거죠."

아드리아나가 말했다.

"그렇고말고요. 아주 매력적이고 상냥하고 사랑스러워요. 누구도 부인할 수 없는 사실이죠. 하지만 레오노라, 당신이 재혼할 생각이 없다는 건 정말 안타까워요. 이렇게 젊고 사랑스러운데."

"재혼이요? 남자한테 다시 복종하며 사느니 차라리 물에 빠져 죽겠어요! 간신히 노예 상태와 고통에서 빠져나왔는데, 다시 내 발로 그곳으로 돌아가 똑같은 혼란 속에 뒤엉키란 말인가요? 오, 신이시여! 부디 저를 지켜주소서!"

다른 사람들 역시 레오노라의 말에 맞장구 치면서 그녀의 현재 상태가 훨씬 낫다고 입을 모아 말했다. 코넬리아는 레오노라에게 입맞춤을 하며 말했다.

"신의 가호가 있기를, 내 자매여! 당신은 내가 알고 있는 것보다 훨씬 더 지혜로운 여성이군요."

레오노라가 말했다.

"자, 이제 그만들 하시고, 포도주가 차가울 때 간식들 좀 드세요."

그들은 자리를 옮겨 간식을 먹으며 기분 전환을 했다. 아무도 그들을 엿보거나 엿들을 사람이 없다는 것은 그들에게 안도감을 주었다. 간식 시간이 끝나자, 코넬리아는 레오노라에게 분수대에서 보았던 여인 조각상들이 무엇을 의미하는지 알고 있냐고 물었다.

"네, 그럼요. 우선 원래 이 집과 정원의 소유자는 저의 숙모였다는 사실을 다시 한 번 상기시켜 드리고 싶군요. 여러분은 아마 한 번도 만나 본 적이 없겠지만 그녀에 대해 들은 적이 있을 거예요. 오랜 세월을 파두아에서 살았고, 얼마 전 거기서 돌아가셨어요. 숙모는 소녀 시절부터 독신주의자셨어요. 그리고 할아버지한테 물려받은 넉넉한 유산을 가지고 이 정원을 지금 이렇게 아름다운 장소로 만들어 놓으셨죠. 그리고 이 분수대도, 이 여인 조각상들도 그때 모두 지으신 거예요. 이 분수대는, 그녀가 자기 인생을 자신의 방식으로 살아가겠다는 상징으로, 그리고 남성에 예속되지 않는 일종의 성명서로서 역할을 하는 거죠.

첫 번째 조각상은 육체적 순결을 상징해요. 숙모는 이것을 충실히 지켰어요. 상징물과 모토는 그 자체로 명백하게 의미를 드러내죠. 그 다음 조각상은 고독을 나타내고, 상징물은 불사조예요. 이를 통해서, 숙모는 그녀 스스로 평생 홀로 사는 걸 즐겼다는 점과, 스스로의 방식대로 살았으며, 죽은 후에도 자신의 훌륭한 작품들로 얻은 명성 속에서 부활한다는 암시를 보여 주고자 한 거죠.

세 번째 조각상은 자유를 나타내고 상징물은 태양이에요. 자유롭게 홀로 존재하는 태양은 스스로에게 빛을 주고 그 빛을 전 우주와 공유하죠. 혼자 자유롭게 살아간 숙모는 훌륭하고 존경할 만한 자질들로 빛나는 명예를 얻었고, 그녀의 보물 같은 마음을 교양 있는 모든 사람들과 나누고 그들과 좋은 관계를 맺고 살았어요. 그건, 만약 남편이 있었다면 그의 규율과 통제 아래에서 상상할 수도 없었을 일들이죠.

네 번째 조각상은 어리석음을 상징하고, 상징물은 불꽃 속에서 타들어 가는 나비예요. 거짓된 사랑의 밀어와 남자들의 공허한 칭찬을 철석같이 믿고 결혼하는 가여운 여인들을 형상

화한 거예요. 그런 남자들은 얼핏 보기엔 더없이 친절하고 매력적이라서, 여자들은 그 올가미에 걸려 자기 몸을 태워 버리고 삼켜 버리는 불길 속으로 떨어지는 거죠.

다섯 번째 조각상은 거짓을 나타내고, 상징물은 복숭아예요. 복숭아는 심장의 형태를 가지고 혀와 같은 잎사귀를 지녔죠. 그건 남자들의 속임수와 거짓을 말해요. 남자들은 여자들에게 오로지 사랑과 진실한 믿음에 대해 말하지만, 그들의 마음속에는 전혀 다른 스토리가 만들어져요.

여섯 번째 조각상은 잔인함을 나타내고, 상징물은 악어예요. 남자들이 자신들과 관계된 여성들을 마음껏 약탈하고 죽인 후에, 그 제물들을 향해 야수 같은 눈물을 흘리는 척하는 거죠. 악어의 눈물처럼."

"정말 훌륭해요!"

코린나가 소리쳤다. "조각상에 감춰진 수수께끼 같은 의미들을 설명해 주셔서 너무 감사해요. 세상살이에 이토록 훤하고, 또 저와 생각이 아주 비슷한 당신 숙모의 추억에 일종의 빚을 진 기분이 드는군요. 오, 하느님! 어찌하여 그녀는 오늘 우리 곁에 존재하지 않는 거죠!"

레오노라가 말했다.

"한 가지 여러분께 드릴 말씀이 있어요. 숙모는 저를 키우면서 많은 생각들을 저와 나누곤 했어요. 사실 숙모는 제가 결혼하지 않기를 바랐지만, 아버지는 저와 숙모의 바람과는 다르게 결혼을 고집하셨죠. 이제 신은 기꺼이 저를 해방시켜 주셨으니, 저는 꼭 숙모처럼 된 거예요."

모두 이야기를 나누며 시간을 보내는 사이, 아드리아나는 그녀의 친구들에게 말했다.

"이제 레오노라에게 모든 설명을 들었으니 다음엔 뭘 해야 할까요? 여름이라 낮은 길고 아직 태양은 저렇게 높이 떠 있으니, 정원을 산책하는 건 거의 불가능하겠죠. 사이프러스 나무 그늘 아래에 앉아 즐거운 시간을 보내면 어떨까 싶은데, 가령 음악을 연주하거나 게임을 하거나, 책을 읽거나 말이에요."

"그거 좋은 생각이에요." 코넬리아가 말했다. "기왕에 모두 함께 참여할 수 있는 게임을 선택하는 게 좋지 않을까요?"

"게임보다는……." 헬레나가 말했다. "서로의 이야기를 나누거나, 공통 관심사에 대해 토론을 하는 게 더 재미있을 것 같아요."

각자 제안하는 화제가 다르자, 코린나가 끼어들어 말했다.

"우리 중에 리더를 뽑아 토론을 이끌게 하면 어떨까요? 공적인 자리뿐만이 아니라 사적인 자리에서도 순종은 가장 유용한 미덕 중 하나니까요. 그렇게 하면 우리 모두의 희망 사항을 조화롭게 관철시킬 수 있을 거예요."

코린나의 제안에 모두 찬성했다. 공동 합의에 의해 그들은 아드리아나를 그들의 퀸으로 선택했다. 모두 그녀가 대단한 안목을 갖추었고, 비록 오십이 넘었지만 여전히 유머러스하며 함께 하기 편안하고 명랑한 사람이란 걸 알고 있었다. 그들은 이 모임이 지속되는 동안 아드리아나에게 순종할 것을 맹세했고, 아드리아나는 이러한 책임을 자비롭게 받아들였다.

"이 단체의 가장 연장자인 내가 여러분이 부여한 책임을 짊어지는 게 적절할 듯싶군요. 하지만 다른 기준으로 볼 때는 여러분들 중에 훨씬 더 이 자리에 합당한 사람이 있겠지만, 여러분들의 정중한 바람이 담겨 있는 만큼 감사히 이 자리를 받아들이고 여러분의 뜻을 따르겠어요. 공정함을 유지하면서 충신들이 마땅히 대접받아야 할 태도로 여러분을 이끌겠습니다."

잠시 후 분수대 주변으로 방금 내온 회양목 의자에 모두가 빙 둘러앉자, 아드리아나가 말했다.

"아까까지만 해도, 우리 모두 할 일 없이 빈둥거리는 걸 좋아하지 않는 데다가 또 저녁이 되려면 한참 남아 있기 때문에, 다양한 주제에 대해 이야기를 나누면서 시간을 보낼까 생각했었는데, 지금은 생각이 바뀌었습니다. 우리는 오늘 남자들에 대한 화제를 꺼내들었고, 그들을 비판하며 불만을 드러냈어요. 그렇다면 오후에도 동일한 주제로 아까 나누었던 대화들을 이어가도록 해봅시다. 우선 레오노라가 남자들에 대해 맘껏 비판해 보세요. 그리고 코린나와 코넬리아는 그 의견에 합류하며 레오노라와 같은 편이 되세요. 그리고 내가 보기에 헬레나는 새 신랑의 매력에 흠뻑 빠진 지금 남자들 입장으로 기울어 있는 것 같으니까 원한다면 남자들을 변호하도록 해요. 버지니아와 루크레티아가 같은 편이 되어 줄 거예요."

다들 퀸의 명령을 듣자, 이 주제에 대해 다시 이야기를 이어가는 것에 기꺼이 동의했다. 레오노라가 말했다.

"퀸은 우리에게 가장 부담되는 과제를 주셨어요. 이 과제를 짊어지려면 우리에겐 더 튼튼한 어깨가 필요해요. 그래도 저는 퀸께 복종하기 위해 바닥도, 끝도 보이지 않는 이 광대한 바다에 빠질 준비가 되었답니다. 하지만 반대 측의 경우, 그쪽에는 어떤 권리도 없다는 것을 잘 알고 있는 그들이 자기 주장을 제대로 펼칠 수가 있을지 의문이네요."

헬레나가 말했다.

"이쪽에 권리가 없다면, 그렇다면 적어도 품위는 있겠죠. 많은 논쟁들이 어느 측이 주장하는 정의 때문에 이기기보다는, 그건 그들이 갖고 있는 품위 때문이죠."

그러자 코넬리아가 웃으면서 말했다.

"그것이 당신이 펼칠 주장의 모든 토대가 될 것이라면, 그리고 남자들이 그들 입장에서 품위를 지니고 있다면, 그러면 당신은 시작하기도 전에 이미 스스로 포기하고 패배하는 편이 낫겠어요. 남자 안에 눈곱만 한 품위의 실마리라도 찾으려고 애쓰느니 차라리 시체에서 피를 찾아보는 편이 나을지도 모르죠."

레오노라가 말했다.

"오, 그건 남자들이 저지르는 잘못 중에서도 가장 미미한 거죠. 그건 그렇다 쳐도, 여기 우리 모두가 좋아하는 이 어린 신부가 단지 한 남자와 함께 살게 되었다고 해서 남자 전부를 변호하려 들고, 곧바로 그들의 '품위'를 들먹이는 것에, 나는 지금 깜짝 놀라고 있어요. 특히 헬레나의 새 신랑이 그녀 앞에서 나무랄 데 없이 품위 있게 행동하는지도 잘 모르겠고, 사실 헬레나가 남편 때문에 이전에 가졌던 것을 잃지나 않을까 의심스럽기도 하고요."

헬레나는 이 말에 미소를 지으며 얼굴을 붉혔다.

"여자가 남자와 육체적으로 하나가 되었다고 해서 그것을 외설적으로 몰고 갈 어떤 이유도 없어요. 어차피 세대를 잇기 위해 아이를 만들고 그렇게 해서 낳아 준 엄마와 합법적인 딸이 생기는 거니까요. 당신도 알다시피 합법적인 모든 것은 품위 있는 것으로 간주되잖아요. 번식의 행위가 그 자체로 품위 있는 행동일 뿐만 아니라 합법적이고 필요한 행위라고 한다면, 남자가 그의 아내와 한몸이 될 때 그는 품위 있는 행위의 대리인이자 원인이 되는 거고, 따라서 품위 있는 대상이 되는 거죠. 이러한 이유로 그가 여성의 자연스런 품위의 일부를 박탈했다고 말할 수는 없는 거예요."

코넬리아가 이에 답했다.

"그 점에 관해서는 논리의 정당함을 꽤 잘 설명한 것 같지만, 당신은 남자를 지나치게 옹호하고 있어요. 그건 우리 퀸이 하사한 법칙에 위배되기도 해요. 경고하는데, 정의와 품위가 당신과 반목하기 때문만이 아니라, 또한 당신이 규칙들을 무시하기 때문에 당신은 이 논쟁에서 지게 될 거예요."

코린나가 말했다.

"어떤 경우에도, 헬레나는 남자가 결혼을 했을 때 어떤 장점이 갖고 있는지 아무것도 입증하지 못했어요. 즉, 그들이 자기 아내와 한몸이 되는 경우만을 말한 것뿐이에요. 그건 부인할 수 없는 사실이지만, 제 생각에는 남자들은 아내의 도움 없이는 켜지지 않은 등불에 불과한 존재인 것 같아요. 혼자서는 아무 짝에도 쓸모 없는 존재, 누군가에 의해 등불이 켜져야만 그들은 가까이 두고 쓰기 편한 존재들이 되는 거죠. 다시 말해 남자에게 미덕이 존재한다면, 그것은 어머니, 간호사, 여자자매, 아내와 같이 그들과 함께 사는 여자로부터 얻어진 거라는 점이에요. 시간이 흐르면서 불가피하게 여자의 좋은 점들이 남자에게 영향을 주게 되죠. 사실 여자들이 남자들한테 제공하는 좋은 점들은 차치하고라도, 남자들의 가장 훌륭하고 고결한 성취는 여자를 향한 그들의 사랑에서 비롯되어요. 왜냐하면 남자들은 스스로를 자기 아내의 품위에 걸맞지 않는다고 느끼기 때문에 온갖 수단을 가리지 않고 어떤 식으로든 그녀를 기쁘게 해주려고 노력하는 거니까요. 그렇게 그들은 미덕을 개발하고 스스로를 다듬어서 천하의 신사가 되는 것에 대해 공부를 하게 되는 거죠. 요약하자면, 그들이 수많은 바람직한 자질들을 갖게 된 것은 다 여자 때문이에요."

버지니아는 코린나가 지적한 부분에 대해 입을 열었다.

"당신이 한 말이 사실이라면, 그리고 남자들이 당신의 말대로 그렇게 불완전하다면, 왜 그들이 모든 면에서 우리보다 위에서 군림하는 거죠?"

코린나가 이에 답했다.

"그들이 차지한 우위는 불공정하게 가로채서 선점한 거예요. 여자는 필연적으로 남자에게 종속된 존재라고 말할 때 그 말이 의미하는 것은, 인간은 자연 재해, 질병, 삶의 모든 사건 사고에 종속된 존재라고 말하는 것과도 같아요. 그건 순종한다는 차원에서 종속된 것이 아니라 부담감으로 고통받는 것을 의미하는 것이고, 두려워하며 그들에게 봉사하는 것이 아니라 기독교적 사랑의 정신으로 그들을 견디는 걸 의미해요. 남자는 애초 신에 의해 영혼의 시련 차원에서 여자에게 주어진 것이니까요. 하지만 남자들은 그 말을 반대의 의미로 받아들이고 스스로를 우리 위에 군림하는 독재자로 설정한 거예요. 여자들을 대상으로 뻔뻔스럽게 그 통치권을 찬탈한 거죠. 이걸 그들은 자신들의 권리라고 부르지만, 엄연히 말해 그건 여성의 것이죠. 모두들 보이지 않나요? 남자들이 마치 중요한 영향력을 미치는 우리의 관리인이라도 되는 듯, 그들의 적합한 일은 일하러 나가고 부를 쌓으려고 지치도록 안간힘을 쓰는 것이고, 우리는 마치 안주인처럼 집에 남아 남편들의 일만 생각하고 그들의 노동으로 벌어온 대가를 즐기는 것이죠. 그게 바로 남자들이 여자들보다 원래 더 강하고 튼튼하게 태어났다고 말하는 이유예요. 그들은 그렇게 될 필요가 있었고, 여자들의 헌신적인 뒷받침 속에서, 마땅히 견뎌 내야만 하는 중노동을 참고 견딜 수 있었던 거예요."

루크레티아가 말했다.

"방금 중노동이라고 말했나요? 우리를 위해 그들이 겪은 그런 끊임없는 고군분투들에 대해 여자들은 거의 감사할 줄 모르고, 그런 그들이 받을 만한 것이라곤 고작 경멸뿐이라고, 말하고 있는 건가요? 남자는 여자 이전에 창조되었고, 여자는 그들의 조력자로서 존재한다는 사실을 당신도 잘 알고 있잖아요. 당신 입으로 고백했으니까."

코린나가 대답했다.

"남자는 여자 이전에 창조되었지만, 그것이 그들의 우월함을 증명하는 건 아니에요. 그보다는 여자의 우월함을 입증한다고 볼 수 있죠. 왜냐하면 남자는 생명이 없는 흙에서 태어났고, 그 다음에 여자는 살아 있는 육체로 태어날 수 있었어요. 그런데 창조 과정에 있어서 이러한 우선권이 무슨 의미가 있는 거죠? 건축할 때 우리는 먼저 땅에 건물의 토대를 세우죠. 거기엔 고유한 장점이나 아름다움이 없어요. 그게 나중에 높이 올라가서 호화로운 건물이 되고 화려한 성이 될 때까지는요. 하찮은 씨앗이 땅에서 영양분을 공급받아 나중에 기가 막히게 아름다운 꽃으로 나타나죠. 사랑스런 장미는 꽃을 피우고 수선화는 향을 내죠. 게다가 모든 사람이 알고 있듯이, 최초의 인간인 아담은 다마스쿠스 들판에서 창조되었고, 신은 보다 위대한 고결함에 대한 헌사로 지상 낙원에서 여자를 창조하기로 결정했어요. 요약하자면, 우리는 남자의 내조자로,

동반자로, 그들의 기쁨이자 더없는 영광으로서 창조되었어요. 하지만 남자들은 여자가 얼마나 가치 있고 그들에게 얼마나 큰 혜택을 주는지 잘 알고 있으면서도 우리의 장점을 시기해 우리를 파괴하려 들죠. 마치 까마귀처럼요. 까마귀들은 깃털이 하얀 새끼를 낳으면 부러움에 사로잡혀 언짢은 기분에 제 새끼까지 죽이죠."

헬레나가 말했다.

"남자를 우월감의 죄목으로 기소하는 게 성에 차지 않는다면, 당신은 그들에게 부러움이라는 꼬리표를 달아야 할 거예요. 부러움은 열등한 자들의 마음속에서 득세하는 감정이죠. 그러니 당신은 지금 남자들은 열등한 자들이라는 사실을 암시하고 있어요. 하지만 중상모략하는 혀를 오염시키는 건 바로 부러움이기 때문에, 우리가 남자들에 대해 나쁘게 말한다면, 그건 우리가 그들을 부러워하는 처지에 몰리게 되는 거예요. 다시 말해 우리가 그들보다 열등하다는 걸 넌지시 암시하는 거죠."

레오노라가 반격했다.

"우리는 부러움 때문에 그들을 비판하는 게 아니에요. 단지 진실에 따라 말하는 것뿐이에요. 어떤 사람이 무언가를 훔친다면, 그는 도둑으로 불려야 마땅하잖아요. 남자들이 우리 권리를 빼앗고, 우리를 부당하게 취급하는데도 우리는 아무런 불평조차 못하고 가만히 있어야 한다는 거예요? 존재 가치 면에서가 아닌 사회적 지위에서 그들보다 열등한 상태에 있다면, 이건 일종의 학대죠. 세상 속으로 서서히 스며들고, 시간이 흐르면서 남자들이 점차 법과 관습 속으로 편입시킨 학대. 그래서 학대 시스템은 사회 속에 단단히 자리를 잡게 되고, 남자들은 여자들을 괴롭혀서 얻은 자신들의 지위를 권리로 얻었다고 주장하고 심지어 실제로 믿기까지 하는 거죠.

우리 여자들은, 여타의 좋은 자질 중에서도 특히 천성적으로 온화하고 상냥하고 평화를 사랑하기 때문에, 이 평온한 삶을 위해서라도 이런 엄청난 공격조차 견딜 준비가 되어 있어요. 남자들이 이성적이고, 만사를 평등하게 다루고, 공평함을 갖추고 있다면 우리는 보다 기꺼이 견딜 수 있겠죠. 그들이 우리를 그토록 절대적으로 통제하려 들지 않는다면, 그토록 뻔뻔스런 태도로 우리를 노예처럼 취급하지 않는다면 말이죠. 그들의 허락을 구하지 않고서는 한 발자국도 걸을 수 없고, 우리에게 찍 소리도 못하게 하지 않으면 아무 말도 할 수 없는 그런 노예지요. 이게 우리한테 별 상관이 없는 문제일까요? 그래서 우리는 침묵 속에서 조용히 그냥 모든 게 지나가도록 해야 하는 걸까요?"

버지니아가 말했다.

“하지만 남자들은 뭘 잘 모르고 그러는 것일 수도 있어요. 우리가 고통받길 원하는 건 아니겠죠.”

코넬리아가 반격했다.

“당신 지금 얼마나 순진해빠진 어린애 같은 줄 알아요? 무지가 죄에 대한 변명이 될 순 없어요. 게다가 남자들의 무지는 계획적인 범죄예요. 그들은 자신들이 저지르는 악행을 너무나 잘 인식하고 있다고요. 그런데 정작 남자들은 여자를 무지하고 무분별하고 무용하다고 비난하잖아요. 그래요. 한 가지는 맞았어요. 우리는 정말 무분별하죠. 남자들의 그토록 흉포한 행위들을 고통스럽게 견뎌내면서, 그들의 끊임없이 자행되는 무언의 박해와 증오로부터 도망치지도 않았으니까요. 맹렬하게 타오르는 불길을 피하는 게 당연하건만. 하지만 남자들은 여자들을 향해서만 이렇게 행동하는 게 아니에요. 그들 사이에서조차 서로 속이고 빼앗고 파괴하죠. 모든 암살, 탈취, 신성 모독, 위증, 노름, 폭음 등 그들이 예전부터 저질러 왔던 온갖 악행들을 생각해 보세요! 남자들이 이러한 도를 넘는 자신들의 행위들에 대해 거의 양심의 가책을 느끼지 않는다면, 더 많은 사소한 죄악들이 관계되어 있는 곳에서 지금 그들이 어떤 모습인지 보라고요. 그들의 배은망덕함, 신의 없음, 허위, 잔인함, 욕정, 부정직함에 대해 한번 생각을 해보세요!

그들이 같은 남자들 사이에서조차 자비를 보이지 않고 서로를 경멸하며 상대를 해할 궁리만 한다면, 그들이 우리 여자들을 대할 때는 어떨지 답이 나오잖아요. 아버지처럼, 오빠처럼, 아들처럼, 남편처럼, 애인처럼, 어떤 관계가 되더라도, 그들은 우리를 학대하고 굴욕감을 주고, 우리에게 해를 끼치고 우리로 하여금 두 손 두 발 다 들게 만들 뿐이에요. 얼마나 많은 아버지들이 딸들에게는 눈곱만큼도 주지 않으려고 기를 쓰는지 알잖아요. 그들이 세상을 떠나고 나면 모든 유산들이 아들에게만 상속되고 딸은 정당한 상속자로부터 제외돼요. 마치 이웃집 여자를 대하듯 말이에요. 이 가련한 피조물들은 영원히 지속되는 벌을 받아야만 하는 거죠. 반면 남자 형제들은 물질적으로 풍요로움을 누리며 살죠. 동시에 넘치는 수치심과 함께요."

헬레나가 말했다.

"그건 동의할 수 없는 부분이에요. 너무 물질적인 부분에 치우쳐서 얘기하는 건 듣고 싶지 않아요. 우리 아버지는 늘 저에게 전폭적인 배려를 보여 주셨어요. 제가 반드시 좋은 짝을 만나 더없이 행복한 결혼을 올리도록 조처하셨죠. 그건 진실된 부성애에서 우러나온 거예요. 당신에겐 아버지가 없어서 그럴까요? 그래서 그런 절망적인 생각을 하는 것 같군요."

코넬리아가 대답했다.

"자, 자, 진정하고, 그녀의 말을 자르지 말고 들읍시다. 제비 한 마리 왔다고 여름이 온 건 아니니까요. 헬레나, 당신이 한 말은 그다지 놀라운 건 아니에요. 놀라운 건, 우리가 자비를 별로 기대하지 않는 이성이 없는 짐승들조차 자기 새끼들을 끔찍이 돌볼 때, 당신 아버지를 포함해 인간 남자들은 그렇게조차 안 한다는 점이에요. 펠리컨은 제 가슴살을 찢어 그 피를 새끼들에게 먹이는데, 이건 순전히 부성애에서 비롯한 행위죠. 모든 지혜롭고 사랑 많은 아버지들은 자기 딸이 출가해서 정착해서 사는 걸 미리미리 확인하고 싶어해요. 그런데 그러기 전에 사고로 세상을 떠날 경우, 적어도 그는 사전에 자신의 신변을 정리해서 그 가련한 존재가 상속에서 배제되어 자기 아버지의 영혼을 저주하는 일이 없도록 조치를 취해 두어야 해요. 더구나 그녀가 스스로 자활하고자 한다면, 그 비열한 수단에 의지할 수밖에 없으니까요."

자기 아버지가 마련해 둔 지참금과 함께 남겨진 행운아들도 있어요. 아버지가 유언장을 남기지 않고 죽은 경우, 물려받은 사유지를 오빠들과 함께 나눠 갖는 경우도 있고요. 하지만 곧 오빠들은 그녀를 노예처럼 집에 감금시켜 권리를 박탈하고 모든 재산을 자기들 것으로 돌리고 자기 여동생에게 적당한 짝을 찾아주려고 하지도 않죠. 정의 따위에는 눈곱만큼도 관심도 없어요. 그렇게 그 불쌍한 여자는 오빠들의 강압에 못 이겨 집에 처박혀 늙어갈 수밖에 없어요. 가끔씩 찾아오는 조카들이나 사촌들의 시중이나 들면서 말이죠. 그들의 여생은 생매장된 거나 같아요."

오빠들의 관심과 돌봄으로 결혼하게 된 루크레티아는 코넬리아의 말을 더 이상 참고 들어줄 수가 없었다. 그녀는 거의 화가 나서 끼어들었다.

"코넬리아, 그건 당신이 틀렸어요. 자기 여동생을 자기 딸보다도 더 위하는 사랑 많은 오빠들도 있어요. 내가 그걸 증명할 수 있어요. 아버지는 내가 아주 어렸을 때 돌아가셨기 때문에 내 소중한 오빠들이 그 자리를 대신해서 내게 남편감을 찾아주고 자신들이 받은 유산의 일부를 쓰게 했죠. 세상에는 그런 오빠들이 얼마든지 있다고 믿어요."

그러자 코넬리아가 이에 응수했다.

"신은 가끔 기적을 행한다는 걸 모르세요? 많은 오빠들이 여동생을 결혼시킬 때 그건 애정에서 우러나온 게 아니라, 자신들의 입지를 넓히고 신붓감을 구할 더 많은 기회를 모색하려는 거예요. 하긴 자기 이익을 위해 그랬다고 해도, 이렇게 여동생을 결혼시키는 오빠들은 거의 드물죠. 그게 의당 오빠로서 해야 할 도리인데도 말이에요. 자, 이제부터는 아들에 대해 얘기해 보도록 하죠."

그때 퀸 아드리아나가 외쳤다.

"오, 이제 아들이란 주제로 무슨 얘기를 나눌까요?"

이에 코넬리아가 답했다.

"저는 이 얘기는 꼭 하고 싶어요. 얼마나 많은 비참한 엄마들이 존재하는지요. 아홉 달 동안 자궁 안에서 온갖 괴로움과 위험을 참아 가며 품고 있다가, 젖을 먹이고 젖을 떼고, 엄청나게 사랑을 퍼붓고 또 엄청나게 힘든 걸 감수하며 그들을 보살피죠. 만일 남편을 잃는 불행을 맞는다면, 땀 흘리며 손가락이 닳도록 고생스럽게 일하면서 그들을 아주 그럴듯하게 키워 내요. 언젠간 자신들이 훌륭하게 해낸 일에 대한 기쁨을 수확할 거라는 희망 속에서요. 하지만 아들이 마침내 자신의 어머니를 부양할 나이가 되면 도움이 필요한 어머니를 부양하는 대신 그들을 버리고, 자신들의 일과 노동과 대한 보상을 취하려 들죠. 더 최악인 것은, 어머니가 돈이 있는 경우, 아들은 그걸 탕진해서 어머니에게 끊임없는 고통을 안겨 주고, 그것도 모자라 어머니의 자애로운 충고를 비웃으며 막된 태도로 무시를 하죠. 심지어 자기 어머니를 가혹하게 매질하는 아들들도 있다고요."

퀸 아드리아나는 이 대목에서 거의 눈에 눈물을 머금고 말했다.

"아, 하지만 코넬리아, 만일 당신에게 아들이 있었다면, 그러니까 신께서 기쁘게 내게 허락하신, 그리고 나서 내게서 다시 거둬 가신 그런 아들이 있었다면, 지금과 똑같이 말할 수는 없었겠죠. 그 아이는 정말 선량한 천사였어요. 나를 가혹하게 대했던 자기 아빠와는 완전히 달랐죠."

그러나 코넬리아가 다음과 같이 말했다.

"당신 아들은 정말 당신 말처럼 선량한 천사였을 수도 있어요. 아니면 단지 아빠보다는 엄마를 더 많이 닮았던 것일 수도 있고요. 어쩌면 세월이 흐르면서 다른 남자들처럼 됐을지도 모르는 일이에요. 더 나쁜 쪽으로 바뀌었을 거란 쪽이 훨씬 더 현실성 있는 얘기죠. 만일 신이 그를 그렇게 일찍 데려가서 당신이 끔찍한 구경거리를 목격할 필요가 없었다면 말이에요. 분명히 말할 수 있는 건, 못된 아들을 갖는 건 여자가 인생에서 겪을 수 있는 최악의 불행이라는 점이에요. 이유는 간단해요. 상처가 우리를 더 많이 아프게 할수록 그건 우리 살로 더 깊이 침투해 들어와요. 타락하기 시작하는 아들은, 엄마의 피와 살을 함께 나누었기 때문에 그 악행으로 인해 더 많이 고통받는 쪽은 엄마일 수밖에 없어요. 그녀의 남편도, 그녀의 아버지도 아니죠. 왜냐하면 엄마와는 깊은 유대감이 형성되어 있거든요. 게다가 사랑은 위에서 아래로 흐르기 때문에, 자애로운 엄마는 늘 아들의 나쁜 행실에 고통스럽게 몸서리치게 되죠. 이건 그녀의 남편이 신경 쓰는 부분이 아니죠. 아들의 사악함이 도가 넘어선 나머지 오랫동안 모진 괴로움에 시달린 끝에 더 이상 함께 살아갈 수 없을 때 환경이 받쳐 주기만 한다면 그녀는 마침내 아들을 떠날 수 있어요. 아버지들도 마찬가지고요. 아들이 더 많은 슬픔거리를 몰고 올 수도 있지만, 세상의 엄마들은 그들의 무례하고 괘씸한 공격들을 묵묵히 참아내죠. 모성애의 힘이란 정말 대단한 거예요."

퀸은 코넬리아에게 토론을 이어가라고 손짓했고, 코넬리아는 그 다음 주제는 남편이라는 사실을 떠올리며 신이 나서 말했다.

"이제까지 아버지, 오빠, 아들에 대해 이야기했는데, 마침내 남편들의 악행에 대해 이야기할 차례군요."

거의 모두가 이 말에 열렬한 공감을 표시했는데, 헬레나와 버지니아만큼은 예외였다.

헬레나가 말했다.

"제가 생각하기엔, 여러분은 이 주제에 대해 별로 할 말이 없을 듯싶은데요."

그러자 레오노라가 말했다.

"오, 헬레나, 지금 무슨 말을 하고 있는 거죠? 결혼에 관한 한 당신은 지금 연설의 개회사도 지나지 않은 상황이라고요. 당신은 지금 그저 추운 겨울 저녁 벽난로 가까이 다가가는 사람과도 같아요. 처음에는 몸이 적당히 따뜻해져 올 거고, 기분도 아주 좋아질 거예요. 하지만 점점 더 불가에 다가가 더 오래 머물수록, 당신은 결국 그 열기로 인해 굳어 버리고, 검은 그을음을 뒤집어쓰거나 자욱한 연기에 앞이 안 보이고 말겠죠."

코린나가 말했다.

"이 부분에 대해서는 코넬리아의 말을 들어봤으면 해요. 그녀는 결혼에 대해 할 말이 많을 테니까요. 그리고 전부 진실일 거고요."

그러자 버지니아가 말했다.

"당신이나 나나 결혼에 대해 아는 건 비슷하지 않아요? 결혼에 대해 뭘 알고 있죠? 당신을 모르는 사람이 당신 말을 듣는다면 당신이 백 번 정도 결혼한 사람인 줄 알겠어요."

코넬리아가 그들의 말에 끼어들었다.

"유부녀들은, 아니 더 정확히 말해 순교자들은 끊임없는 불행의 원천을 가지고 있죠. 그들의 남편은 우선, 자기 아내를 마치 사슬로 꽉 동여맨 듯 꼼짝 못하게 해서 공기조차 그들에게 올 여지를 만들지 않는 것 같아요. 그 가련한 여자들은 결혼을 통해 꽤 괜찮은 여가를 즐길 수 있는 일종의 자유를 얻었다고 생각하지만, 결국 이전보다 더 억압된 상태에 놓인 스스로를 발견하게 되고, 사방이 벽으로 둘러싸인 곳에서 동물처럼 갇혀 있다고 느끼게 돼요. 다정한 남편이라기보다는 혐오스러운 후견인의 지배를 받는 거죠. 수많은 남편들이 이런 경멸 어린 취급을 통해 수많은 여성들을 몰락하게 만들었다는 건 의심할 여지가 없는 사실이에요. 남편이 좀 더 친절하고 자상했다면 더 나은 태도를 보였을 수많은 여자들을요."

레오노라가 말했다.

"이런 남자들도 얘기에 보탰으면 해요. 심하게 질투하는 것, 그리고 삶을 아주 불쾌하게 만들어 버리는 것이 여자들로 하여금 규칙을 따르게 하는 최고의 방법이라고 확신하는 남자들이요. 그 불쌍한 바보들은 거의 아무것도 몰라요. 여자들이 스스로 집에서 얼마나 존중받지 못하고 있는지, 그리고 남편이 얼마나 그녀에 대한 믿음이 없는지를 알아차리게 되면, 결국 여자들은 할 수 있는 한 가장 고약하게 행동하게 된다는 것을요. 반면에 남편이 자기를 신뢰하고 자유에 간섭하지 않으면, 여자는 스스로 자처해서 자신의 어깨에 멍에를 짊어지고 더 이상 부러울 것 없는 여자가 되죠. 어떤 행위를 통해 얻은 존중과는 별도로 남편이 순수한 마음으로 아내를 잘 대해 주게 되면, 아내가 그의 자상함에 물을 끼얹는 일들은 절대로 일어나지 않을 거예요. 얼마나 많은 기회들이 그녀에게 오든지 상관없이 그녀는 어떤 유혹에도 넘어가지 않고 그것을 극복하는 쪽을 택할 테니까요. 진실로 여자한테 그녀 자신의 의지와 결단보다 더 나은 영예로운 후견인은 없을 거예요."

헬레나가 말했다.

"저는 솔직히 제 남편이 질투심 많고 음울한 남자라는 본색이 드러날까 봐 두려워요. 사실 이미 그 징후가 조금씩 보이는 것 같아요."

코넬리아가 쏘아붙이듯 말했다.

"신께 기도를 드리는 수밖에요. 이것보다는 그래도 덜 타락했다는 사실을 알게 해달라고 말이죠! 천사처럼 젊고 아름다운 아내를 가졌으면서 그들을 방치하고 또 뻔뻔한 여자들 앞에서, 그러니까 정숙한 여자들 사이에 꼭 한두 명 끼어 있는 파렴치한 여자들을 상대로, 자기 부인을 바보 취급하는 남자들을 생각해 보세요. 오랜 세월 함께 살아왔으면서도 자기 아내에게 아주 야박하게 구는 남자들이요. 그런 남자들은 자기 아내에게 끊임없는 고통을 가하죠. 심지어 그녀가 가장 보물처럼 생각하는 것까지 빼앗아 그걸 창녀에게 갖다 주기까지 해요. 게다가 하녀를 정부로 만들어서 집을 사생아들로 가득 채우는 짓거리도 밥 먹듯이 하죠. 그러면서 자기 아내가 그냥 눈감아 주기를 기대하면서 그 아이들을 떠맡기는 거예요. 이 가련한 부인은 집의 안주인에서 고아원 원장으로 변해 버린 자신을 보게 되죠."

그때 퀸이 끼어들었다.

"오, 코넬리아. 그게 바로 내 첫 번째 남편이 했던 짓거리예요. 젊은 시절 나는 이 도시에서 미색으로 소문난 여자에 속했었죠. 하지만 남편은 나한테 전혀 무관심했어요. 결혼한 지 2년이 됐을 때 그 사람은 아주 더러운 매춘을 통해 늙은 창녀와 사랑에 빠졌어요. 내가 지닌 아름다움과 애정 표현은 아무런 소용이 없었죠. 창녀한테 빠져 있는 남편 앞에서 내 인내심은 쓸모 없는 것이었어요. 남편은 자신의 집과 가정을 아주 싫어했죠. 나와 함께 보내야만 했던 그 모든 시간을 그 타락한 창녀의 집에서 탕진했죠."

루크레티아가 말했다.

"아마도 그녀가 당신 남편에게 어떤 마법을 걸었을지도 모르죠. 그래서 그렇게 속수무책이 되어 버린지도."

코넬리아가 반박했다.

"그건 괜한 소리예요. 제 말을 믿으세요. 마법이니 떠드는 얘기들은 전부 말장난일 뿐이라고요. 남자들이 어떤 행동을 할 때는 그걸 진심으로 원하기 때문이에요. 이 말에 증거가 필요하다면, 여자한테 빠져 있는 남자처럼 노름에 빠진 남자들을 보세요. 그럼 문제가 뭔지 보일 거예요. 남자들에겐 나쁜 성향이 있어요. 그들은 그것에 따라 고삐 풀린 망아지가 되는 거죠. 이게 바로 그들이 저지른 그 모든 미친 짓거리들에 대한 설명이 될 수 있어요."

이에 퀸이 답했다.

"정말 맞는 말이에요. 다른 여자의 꽁무니를 따라다니는 데 정신이 팔려 정작 자기 부인한테는 어떤 시간도 내주지 않던 첫 남편 이후에, 완전히 노름에 미쳐 있는 두 번째 남편을 맞았던 나는 아내로서 완벽한 행운을 누린 셈이로군요. 어느 화창한 날, 마침내 신께서 그를 데려가실 때까지, 그 사람이 내 인생을 얼마나 비참한 지경까지 몰고 갔는지 표현할 수도 없어요."

코넬리아가 말을 이었다.

"그건 완벽한 진실이에요. 남자는 자신들의 저주받은 게임 속에 단단히 봉인된 채 밤낮으로 노름 친구들과 외박을 일삼으며, 정작 그들의 가여운 아내들은 집에 처박아 두죠. 여자들은 남편과 함께 밤을 보내는 대신 벽난롯가에 앉아 마치 무기 창고의 문지기처럼 시간이 흘러가는 것만 세고 있는 거예요. 타락한 자기 남편이 돌아오기만을 기다리며 새벽까지 잠을 이루지 못하죠. 남자가 불행히도 노름에 져서 집에 돌아온 경우, 그 고통을 고스란히 감수해야 하는 건 바로 그의 아내예요. 그 불한당이 이 가엾고 불쌍한 여자에게 온갖 화풀이를 해 대기 때문이죠. 이 얘기는, 남자들이 이러한 비뚤어지고 포악한 습관으로 자기 아내가 가진 선량한 자원들을 모두 탕진해 버린다는 사실과는 또 다른 얘기죠".

"허구한 날 자기 아내한테 고함을 지르는 남자들도 있어요. 자기 마음에 들지 않는 게 조금이라도 눈에 띄면 이 가련한 여자한테 욕을 퍼붓고, 아주 사소한 일에 매질까지 하며, 조금이라도 자기 방식대로 집안이 돌아가지 않으면 사사건건 잘못을 지적하는 남자들이죠. 이런 남자와 결혼한 불쌍한 여자는 점점 깨닫게 돼요. 자신들이 어린 시절을 보낸 친정집을 아직 떠나지 않았고, 자신의 가정을 꾸려 가는 것도 아니란 사실을요. 대신 그들은 자신들이 가혹한 교사에게 보내졌다는 생각이 드는 거죠. 사실, 이 불쌍한 존재는 위압적인 남편의 잔소리와 분노에 잔뜩 겁에 질려 있고 또 화가 나 있는 상태라, 자신의 남편을 사랑하고 함께 시간을 보내길 바라는 대신, 남편을 귀찮게 여겨 가능한 한 집 밖에서 시간을 보내고 싶어하게 돼요. 여러분도 걸핏하면 화내고 참을성 없는 수많은 남편들의 이야기에 대해 익히 들었을 거예요. 그들이 그렇게 되어 버린 데에는 다 이유가 있다고 해도, 천성적으로 못된 남자들이 있고, 또 집 밖에서 모멸감을 느끼고 들어와 운이 지지리도 없는 아내에게 그것을 전부 쏟아 내면서 자신의 좌절감을 있는 대로 발산하는 남자들이 있어요."

루크레티아가 말했다.

"그 말을 들으니 어떤 여자가 떠오르는군요. 성질 더러운 남편을 둔 그 여자는 남편이 집에 없을 때를 제외하고는 마음의 평화라곤 찾아볼 수 없었어요."

코린나가 미소를 띠며 물었다.

"그 여자가 설마 당신은 아니겠죠?"

그러자 루크레티아가 소리쳤다.

"오, 그녀가 내가 아니기를!"

레오노라가 말했다.

"결국 다 거기서 거기예요. 제 남편은 아주 쩨쩨한 인간이었어요. 그런 인간들은 먹는 걸 두려워하죠. 돈이 드니까."

코넬리아가 말을 이었다.

“오, 그래요! 구두쇠들은 종종 좋은 남자로 간주되지만 자기 아내를 모질게 마음고생 시키는 남자들이죠. 항상 음식과 옷을 살 돈이 부족하고 그것 때문에 여자가 조금이라도 불평을 내비치면 잔소리가 시작돼요. 네가 나를 망하게 만든다느니, 돈을 낭비한다느니, 살림을 할 줄 모른다느니……. 불쌍한 아내들은 가난의 서약 없이도 수도승처럼 살아가는 거죠. 기본 필수품이 부족해도 마음을 접어 버리는 게 습관이 되는 거예요.”

그때 코린나가 말했다.

“우리 잠시 남편들에 대한 불평은 접어 두고 그보다 더 나쁜 남자들에 대해 얘기해 보기로 해요. 부정직하고 기만적인 연인들에 대해서요.”

퀸이 말했다.

“이제 가볍지 않은 진짜 얘기를 하려는 거군요. 아, 물론 그건 주제의 고상함과는 상관없는 얘기죠. 대신 그건 완전히 난해한 문제예요. 사실 솔직히 말해서 당신이 그 주제에 대해 뭘 말할 수 있을지 모르겠어요. 대양을 가로질러 안전한 경로를 발견한다는 게 어디 호락호락한 일인가요? 하지만, 적어도 빠져나가는 길을 찾기 위해 기꺼이 그 안으로 뛰어든 다음, 사랑이라는 이름으로 그의 날개를 빌려 줄 수 있는지 물어볼 수는 있을 거예요. 만일 그게 여의치 않다면, 당신은 탈출을 하기 위해 다이달로스의 밀랍 날개를 필요로 하겠죠. 당신이 이제부터 거론하게 될 그 수많은 연인들이, 자신들의 저주를 당신에게 돌리기 전에 말이에요."

코넬리아가 대답했다.

"저는 진실한 연인들에 대해 어떤 반감도 갖고 있지 않아요. 저의 타겟은 겉으론 진실한 연인인 척하면서 사실은 그 반대인 남자들이죠."

그때 버지니아가 말했다.

"오, 내 친구 코넬리아, 이제 당신이 얘기했던 남자들의 상태만큼 연인들도 결점투성이라고 주장할 건가요? 만일 내 앞에 예의 바른 청년이 있다면, 다시 말해 정중하고 사려심 있고 공손하며, 나를 쏘아보지도 않고, 불평하지도 않고, 어떤 요구도 하지 않으며, 단지 간혹 깊은 한숨과 함께 나를 사랑한다는 미묘한 신호들을 보이면서 한결같이 대하는 남자가 있다면, 간단히 말해 그런 나만의 남자가 있다면, 그런 남자가 나를 속이리란 생각은 절대 못할 거예요. 그건 마치 내 눈앞에서 활짝 열어젖힌 그의 마음을 생생히 목격하는 것처럼 느껴질 테고, 그렇게 드러난 그의 사랑과 겸손에 사로잡혀 그를 사랑하지 않을 수 없게 될 테니까요."

코넬리아가 이에 응답했다.

"당신은 방금 연인의 표면적인 겉모습만 그렸을 뿐이에요. 마치 그의 내면도 겉모습과 꼭 맞아떨어질 거라고 믿는 것처럼요. 하지만 가여운 버지니아, 당신이 이쪽으로 전혀 경험이 없다는 게 여실히 드러나는군요. 오, 신이시여, 제발 그녀의 순진함이 보존될 수 있도록 지켜주소서! 나 또한 경험에서 이런 말을 하는 건 아니에요. 하지만 당신도 어디선가 읽거나 들은 적이 있겠죠. 누누이 회자되는 충고의 이야기들을 말이에요. 그런 사례들을 통해 나 같은 여자들은 타인의 경험을 대가로 연애 비즈니스의 전모를 매우 잘 배우게 되죠. 나를 믿어요. 당신이 방금 묘사했던 그런 연인은 거의 존재하지 않아요. 그런 소양의 일부분만 가진 남자가 아니라, 진정한 사랑을 품은 남자 말이에요. 가장 피해야 할 남자는, 당신이 방금 묘사했던, 바로 이런 환심을 사려는 풋내기들이에요. 왜냐하면 그들은 젊기 때문에 나이든 남자들보다 더 불 같은 면이 있고, 사랑에 있어서도 충동적이고 불안정하죠. 그들은 스스로 누구보다 더 잘 안다고 자부하겠지만 아주 어리석은 남자들이죠. 게다가 자만심도 강하고 예의도 모르고 완전히 뻔뻔해서 '사랑'이 뭘 의미하는지도 모르고 여자로부터 사랑과 순종과 호의를 기대해요. 다시 말해, 여자가 그들이 요구하는 것 전부를 들어주길 바라죠. 이런 풋내기들은 대놓고 모든 일에 나서서 경솔하게 설쳐 대는 바람에 모르는 사람이 없을 정도예요.

그들은 사랑의 희미한 단서라도 비치면 모든 참을성을 상실해요. 일단 자신이 사랑받는다는 것을 알게 되면 신중함 따윈 찾아볼 수 없게 되죠. 여자가 조금이라도 스킨십을 허락하면 온 세상이 그걸 알기를 원해요. 여자를 속아 넘기면 그걸 자랑삼아 떠들고 다니고요. 여자를 공공연히 깎아 내리고 자신의 교활함에 아주 의기양양해진단 말이에요. 마침내 여자를 소유하게 되면 즉시 그 여자에 대한 흥미를 잃어요. 그들의 사랑이란 건 반짝 하고 사라지는 불꽃에 불과한 거예요. 그 충실함이란 여관에서 들려오는 웃음소리요, 그 헌신이란 토끼를 사냥하러 나간 하루 동안의 외출이요, 그 멋진 외모란 공작새의 꼬리에 지나지 않아요. 여성의 시각에서 볼 때 이런 애송이 청년들의 유일한 장점은, 아까 말한 것처럼, 변덕이 심하고 변화무쌍해서 자신들의 속임수와 배신을 오랫동안 숨길 수 없다는 거예요. 그들은 마치 미끄러지는 막이 입혀진 청동과도 같아요. 그 얇은 막은 지체 없이 벗겨져서, 뇌를 절반만 가진 여자라도 그들의 목적이 뭔지 금새 알아차리게 돼요. 그래서 그들이 놓은 덫에 쉽사리 걸려들지 않는 거죠. 그녀는 그들을 그냥 치워 버리거나, 아니면 자신을 즐겁게 만들

일종의 오락거리로 이 경솔한 피조물들을 이용하겠죠. 마치 가벼운 깃털로 만든 부채처럼, 무더운 여름날 더위를 식혀 줄 용도로 말이죠."

여기서 헬레나가 끼어들었다.

"오, 당신은 정말 이 가련한 어린 청년들에게 앙심을 품고 있군요. 그럼 그들보다 나이 많은 연인들에 대해서는 어떻게 말할 거죠? 적어도 그들이 진실되게 사랑하는 모습을 보일 때는 그들을 믿어야 하는 거 아닌가요?"

코넬리아는 다음과 같이 대답했다.

"어린 애송이들보다 이들이 더 요주의 인물들이라는 것만 알면 돼요. 왜냐하면 이미 많은 경험을 통해 그들은 더 진실하게 사랑하는 대신 더 효과적으로 속이는 방법을 익혀 왔을 테니까요. 내 친구 헬레나, 우리의 순수함에 가장 큰 위협이 되는 것은 보다 숙련된 연인들, 교묘한 피조물들이에요! 그들이 당신 앞에서 슬퍼하는 모습을 연출해도 당신은 그 속임수에 넘어가면 안 돼요. 애처로운 눈빛으로 당신을 올려다보면서 달콤한 말을 한다고 해도 절대로 그들의 사랑에 사로잡히면 안 돼요. 두 시일 때 열 시를 가리키는 믿을 수 없는 시계를 생각해 보세요. 그들은 그런 시계에요. 이 노련한 남자들은 감사를 모르는 마음속에서 한 번도 제대로 여자를 품어 본 적이 없는 남자들이에요. 단지 여자를 만날 때 그녀의 노예가 된 척, 그녀를 지독히 사랑하는 척하면서 동시에 만나는 모든 여자 앞에 덫을 쳐놓고 차례차례 간을 보는 거죠. 똑같은 말을 하고 똑같은 그물을 쳐놓고 모두를 속이는 거예요. 그들은, 하늘이 자신들에게 재능, 매력, 수려한 외모, 선수로서의 기량을 부여했다면, 여자들이 그런 자신들과 연애하는 것을 감지덕지해야 한다고 생각하는 자만심과 허영심 가득한 남자들이에요.

그들은 자신의 이런 자질들로 여자가 사랑에 빠졌다는 걸 알아차리는 즉시 자신의 모든 욕망을 채우려 들면서 여자에게 당당히 요구하죠. 만일 여자가 자기 뜻대로 따라주지 않거나 일이 순조롭게 흘러가지 않으면, 바로 불쾌함을 내보이면서 자기 마음을 거두겠고 말하죠. 한 번도 여자에게 줘 본 적 없는 마음을요. 지각 있는 여성이라면 이런 종류의 연인을 검은 표범과 같은 존재로 바라볼 거예요. 맹수 중에 가장 잔인한 짐승이죠. 이 표범은 배고플 때는 죽은 척 연기를 해서 다른 동물들이 마음 놓고 가까이 다가오게 만들어요. 조심성 없는 불쌍한 작은 짐승들은 점점이 박힌 검은 표범의 아름다운 가죽에 매료되고, 그 교활함에 속아 자신이 안전한 줄 철석같이 믿어 버려요. 그렇게 대담해져서 검은 표범이 누워 있는 근처에 와서 노는 거예요. 하지만 곧 이 맹수는 그들 위로 뛰어올라 사나운 기세로 그들을 단번에 제압해서 걸신 들린 듯 게걸스럽게 그 살들을 먹어 치우죠. 어린 청년들에 비해 나이 많은 연인들이 갖고 있는 유일한 장점은, 이들 스스로 자신이 연륜이 있고 또 실제보다 더 훌륭하고 지혜롭게 보이길 바라기 때문에, 모든 일을 좀 더 신중하고 빈틈없이 처리한다는 점이에요."

버지니아가 말했다.

"나의 친구 코넬리아, 당신이 말하는 건 사랑의 왕국 도처에 혼란만 심어 놓고 있어요. 과거의 그 유명한 사랑 이야기들은 그럼 다 뭔가요? 여자를 위해 태어난 듯, 위대한 사랑 때문에 목숨도 불사했던 수많은 남자들에 대해 한 번도 읽어 보지 못했어요?"

코넬리아가 대답했다.

"당신은 역사가들이 말하는 남녀의 이야기를 사실이라고 믿는 거예요? 이런 역사는 결코 진실을 말하지 않는 남자들에 의해 씌어졌다는 걸 명심해야 해요. 어쩌다 실수로 사실을 말해 버리는 경우를 제외하면 말이죠. 만일 그들이 어떤 여자와 사랑에 빠졌다는 걸 과시하다가 비참한 죽음에 이르게 되었을 때, 그 몰락이 그들이 사로잡힌 열정 때문이라고 믿는 건가요? 그건 어림 없는 소리예요! 그 죽음의 이유는 결국 그들이 오래

꿈꿔 왔던 승리를 얻지 못한 데서 오는 압도적인 분노 때문이에요. 그들이 사랑한다고 주장했던 여성들을 속이고 망쳐 버리는 열망이 좌절된 데서 오는 분노요. 이에 대한 증거로, 위대한 사랑의 지상 목적을 달성한 후에 죽음을 택하는 남자가 몇이나 있는지를 찾아보면 알 거예요."

버지니아가 말했다.

"글쎄요. 중년의 연인에 대해서는 이제 충분히 얘기한 것 같아요. 그럼 결론은, 삶의 전성기 때의 남자들도 아직 남자로서는 미숙하니까, 결국 노인을 사랑해야 한다는 건가요?"

코넬리아가 대답했다.

"그건 내 얘기의 핵심이 아니에요. 나이 지긋한 남자들도 중년 남자들만큼이나 교활하거나, 더하면 더했지 덜하지 않아요. 게다가 그들은 많은 면에서 결핍되어 있어요. 행복한 시절은 오래전에 끝났고 한때 그들이 가진 수려함과 매력도 전부 시들었죠. 그들은 그들이 가진 최상의 밀가루를 전부 다 써 버린 셈이에요. 이제 남은 건 곡식의 겉껍질과 왕겨뿐이죠. 게다가 그들은 지독히도 시기심과 의심이 많아요. 위험과 시련을 싫어하고 게으르죠. 그들의 연인은 오랜 간병에 지칠 수밖에 없어요. 신경질적이고 인색하기도 하죠. 그들의 인색함을 지적한 이유가, 단지 남자들은 여자들의 선의를 사려는 목적으로 물질에 관대해져야 한다거나, 어떤 여자라도 그걸 자기 애인에게 바랄 권리가 있다라는 의미는 아니에요. 그보다는 남자가 돈 쓰는 데 인색할 때, 이건 정말 여자들이 생각조차 하기 싫어하는 부분이에요. 그건 그가 마음을 쓰는 데에도 인색하다는 신호니까요. 솔직히 연인 사이에서 상대에게 줄 수 있는 가장 훌륭한 보물이 값진 보석 아니겠어요? 그건 여자도 마찬가지고요. 그래서 진실한 사랑은 사람을 관대하고 너그럽고 고결하고 용감하게 만든다고 하는 거예요. 나이가 많은 남자들은 대부분 이것과 정반대죠. 그들의 나이와 질병 때문에 자연스레 그런 모습이 나오고, 우리는 그런 그들을 그냥 거기 남겨 두는 게 맞아요. 왜냐하면 그들은 예쁜 여자들을 쫓아다니는 것보다 좋은 포도주를 마시는 게 더 잘 어울리니까요."

버지니아가 물었다.

"지금 당신은 어떤 남자를 나이가 많다고 말하는 건가요? 몇 살까지 연인이라는 틀 속에 들어올 수 있는 거죠?"

"품위가 있고 불안정하지 않다면 마흔다섯이나 오십 정도도 괜찮겠죠. 하지만 그런 남자를 찾는 건 여러분께 맡기겠어요. 어차피 젊건 늙건, 어떤 남자도 진실로 마음을 다해 사랑하진 않을 테니까."

버지니아가 말을 이었다.

"그럼, 여자들의 찬사 속에서 작품을 쓰느라 고군분투하며 많은 시간을 보내는 남자들에 대해 얘기해 주세요. 적어도 그들은 대체로 여자를 사랑할 수 있는 남자들이라고 말해도 되지 않을까요? 그리고 그들이 특별히 애정을 갖게 되는 여자에 대해서도 말이죠."

코넬리아가 말했다.

"내가 보기엔 그들도 다른 남자들과 다를 게 없어요. 그들 중 누구도 강렬한 사랑이 동기가 되어 글을 쓰진 않아요. 내 말을 믿어요. 그들 대다수는 진정으로 여성에 관심을 가졌다기보다는 자기 자신의 이익과 명예 때문에 여자에 대해 우호적으로 쓰는 거예요. 명성과 영예를 얻기에는 자신들이 지닌 장점이 별로 없다는 걸 잘 알았던 거죠. 그들은 여자의 미덕과 완벽함 안에서 스스로에게 명성의 옷을 입히고 여성들이 이룬 성취를 대신 이용한 셈이죠. 말하자면, 왕자를 좋아하지도 않으면서 관련 행사에 참여하는 남자처럼 말이죠. 변변히 입고 갈 만한 옷도 없어서 그 행사에 초대받은 친구를 따라 그의 옷을 빌려 입고 그의 꽁무니를 쫓아다니며 구경 다니는 그런 남자들이나 같은 거예요. 여성을 배고픈 여우에게 속아 넘어간 까마귀 같다고 생각하면서 우리를 칭찬하는 남자들도 많아요. 까마귀가 커다란 치즈를 입에 물고 있을 때 여우는 까마귀에 대한 과찬을 늘어놓으며 까마귀의 고운 목소리를 여러 차례 들었다고 하면서 노래를 불러 달라고 애원하죠. 까마귀는 마침내 입을 벌려 여우에게 노래를 불러 줘요. 치즈는 당연히 바닥에 떨어지고, 여우는 그것을 날름 주워 들고 달아나요. 이런 거예요. 남자들이 여자를 칭찬하면 여자는 우쭐해져서 자신도 모르게 꽉 쥐었던 주먹을 펴고, 남자들은 이때를 틈타 자신의 손을 그녀의 손 위에 슬쩍 올려놓는 거죠. 어디 그녀의 손뿐이겠어요? 그녀의 영예, 그녀의 영혼, 그녀의 인생 위에 자신의 숟가락을 슬쩍 얹어 놓죠. 그건 그렇고, 버지니아, 당신은 여성에 대해 공격적인 글을 쓰는 수많은 남자들에 대해서는 어떤 말을 할 건가요? 여성을 칭찬하는 남자 작가들이 있다면, 어떤 동기도 없이 여자를 무지막지하게 공격하는 수많은 남자들도 있잖아요. 그러니 당신은 모든 남자들이 진심을 다해 완벽하게 사랑할 수 있다는 그 모든 허황된 얘기들에 설득되면 안 돼요."

버지니아가 말했다.

"어떤 남자도 진실된 사랑을 하지 못한다면, 우리는 아무도 사랑해서는 안 되겠네요. 그게 당신이 말하는 건가요?"

코넬리아가 대답했다.

"예외가 아예 없다고 말하는 건 아니에요. 단지 아버지, 오빠, 아들, 남편의 사례들을 보면서 내가 사실이라고 생각했던 걸 말하는 거예요. 그러니까 내 말은, 여자를 진심으로 사랑하는 남자들은 거의 찾아보기가 힘들고, 있다 해도 거짓된 연인들 무리 중에 파묻혀 있어서 그런 사람을 골라 내는 일은 지극히 어려운 일이라는 거죠. 그건 꼭 로또를 할 때 사용하는 토큰들과 같아요. 그 수천 개의 공백 카드들 중에, 당신은 일곱 개에서 열 개의 당첨 카드를 골라야 해요. 그건 진짜 하늘이 내린 운이 아니면 불가능한 일이죠."

헬레나가 말했다.

"하지만 분명히 그런 좋은 남자들을 구별해 낼 수 있는 어떤 특징이 있지 않을까요? 그리고 여성의 자유를 빼앗기 위해 몰래 접근하는 저 수많은 약탈자 거짓말쟁이들의 속임수와 배신을 피해 갈 수 있는 어떤 신호들도 있겠지요? 또 진실한 사랑에 보답함으로써 사랑을 되갚을 만한 가치가 있는, 연인으로 삼을 만한 극소수의 남자들도 있을 거고요?"

코넬리아가 대답했다.

"오, 그래요, 내 친구 헬레나. 내가 말했듯이 그건 정말 지독히도 어려운 일이죠. 버지니아가 얘기했던 것처럼 당신이 혹시라도 온 마음을 다해 헌신하고, 시간이 가도 늘 한결같고 당신에게 어떤 것도 요구하지 않는, 즉 당신의 정절, 당신의 영혼을 위태롭게 하지 않는 남자를 만나게 된다면, 그런 남자는 진실한 연인일 것이고, 마음 깊은 곳으로부터 당신을 사랑한다고 믿어도 좋아요. 남자가 정말 진실한 사랑에 빠져 있다는 걸 알 수 있는 또 다른 신호가 있어요. 만일 그가 예상치 못한 상황에서 사랑하는 사람을 보게 되거나, 그녀의 이름을 듣게 될 때, 그는 심장이 쿵 내려앉는 느낌을 갖게 되고, 표정이 달라지고, 목소리와 몸 전체가 떨리기 시작하죠. 얼굴도 창백해지고 크게 숨을 쉬면서 감정이 북받쳐서 목 멘 소리로 더듬더듬 말하게 돼요. 마음 깊은 곳에서 우러나오는 진심으로 사랑하는 남자는 아무것도 욕망하지도, 바라지도, 요구하지도 않아요. 그저 그녀도 자기를 사랑해 주길 원하는 것 외에는 없어요. 철저히 선을 지키고 품위를 유지하면서 사랑하는 여자에 대한 경외심으로 가득 차죠. 그녀가 곁에 있을 때는 그녀를 사랑하고, 그녀가 곁에 없을 때는 그녀를 칭찬하죠. 그는 그녀 자체뿐만이 아니라 그녀와 관련된 모든 것에 관심을 가져요. 마치 그의 일처럼 말이죠."

이들은 모두 천성적으로 사람을 잘 믿고 따뜻한 마음을 지닌 여자들이었다. 그러나 사랑에 관한 한 신중을 기해야 하는 여자의 입장에서 진지한 대화는 계속해서 이어졌다.

헬레나가 말했다.

"나의 친구 상냥한 코린나, 여자들은 왜 남자들보다 더 순진하고 사람을 잘 믿는지 말해 줄래요?"

코린나가 대답했다.

"내가 볼 땐, 그건 모든 배운 남자들이 지닌 침착하고 냉정한 기질처럼 여자의 타고난 기질과 양상 같아요. 이러한 특징이 우리를 남자보다 좀 더 차분하고 좀 더 약하고 좀 더 걱정이 많은 존재로 만들죠. 더 잘 믿고 쉽게 흔들려서, 우리 앞에 어떤 멋진 가능성이나 유혹적인 경치라도 펼쳐지게 되면, 우리는 그게 진짜인 양 바로 그 이미지에 넋을 잃게 돼요. 하지만 이런 모든 상서롭지 못한 천성적 기질에도 불구하고 우리는 우리가 가진 지성을 발동시켜서 이성의 횃불로 연인의 가면을 알아차리고 우리 자신을 보호하는 길을 밝히는 데 사용해야 해요. 늑대가 양의 엄마 목소리를 흉내 내면서 문을 열어 달라고 간청할 때 분별력 있는 어린 양이 늑대에게 보여 준 믿음 만큼만 우리도 남자에게 보여 주면 돼요."

헬레나가 말했다.

"그거 말이 되는군요. 여자의 천성이 그렇기 때문에, 흉포함은 그 안에서 세력을 떨칠 수가 없어요. 담즙과 혈액은 상대적으로 여자를 구성하는 작은 부분이죠. 그게 우리를 남자보다 친절하고 온화하게 만들고, 우리 욕망을 충족시키는 데 덜 열을 올리게 만들죠. 반면에 뜨겁거나 무미건조한 기질을 지닌 남자들은 담즙에 지배당하고, 늘 불길에 휘둘리는 바람에 잘못된 방향으로 나아가기 쉽고, 격렬한 욕구를 제어하기가 어려운 거예요. 사나움, 통제 불능, 분노, 무절제하게 타오르는 욕망의 급박함과 과도함, 육욕, 이 모든 것들이요. 그렇지 않나요?"

코린나가 대답했다.

"맞아요. 하지만 남자들은 분명 선한 존재가 될 수 있고 또 그들의 기질을 교정할 수도 있어요. 그들이 원하기만 한다면 말이죠. 그들이 완벽한 지력을 사용하는 것을 볼 때 그건 의심할 여지가 없어요. 단지 그들은 자신들의 이성을 사용하고 싶어하지도 않고, 자신들의 음탕함을 억제할 노력조차 하려 들지 않아요. 그래서 갈수록 점입가경인 거죠. 남자가 악한 것은 천성과 자유 의지, 이 둘의 합작품인 셈이에요. 설상가상으로 그들은 우리까지 오염시키기 위해 사력을 다하죠."

헬레나가 이 대목에서 목소리를 높였다.

"오, 제발요! 당신은 남자들이 악의 선동자이자 원인이라고 말했지만 설마 여자들 또한 죄를 저지른다는 사실까지 부인하려는 건 아니겠죠? 그렇다면 정말 말도 안 돼요! 여성들의 악행에 대해서도 잠깐 얘기해 보죠. 여긴 우리들뿐이고 남자들이 우리 얘기를 엿들을 일은 없으니까요. 스스로 여자의 얼굴에 침을 뱉고 창피함도 모르는 타락한 여자들, 대놓고 남자들을 상대로 호객 행위를 하고 맨 처음 홍정을 한 남자에게 자존심까지 몽땅 팔아 버리는 여자들은 뭐죠? 그런 여자들은 남자 돈을 있는 대로 다 뜯어 내고, 그들을 죽음으로 내몰면서까지 남자들을 파괴시키죠. 남자들은 그들이 존재했었다는 사실을, 계속해서 여자들에게 상기시킬 거예요. 특히 우리가 역사적으로 익히 알고 있는 스키피오, 크세노크라테스, 알렉산더처럼 아주 올바르고 덕을 갖춘 남자들을 당당히 앞에 내세우면서 말이에요."

코넬리아가 대답했다.

"음, 당신이 말한 마지막 부분은 어느 정도는 사실이에요. 하지만 그런 남자가 자주 눈에 띌 리 없잖아요. 그들은 신이, 다른 사람들이 보고 모방하라고, 세상으로 보낸 덕의 모델들이에요. 그래서 역사가들은 그들을, 수백 년을 주기로 나타나는 기이한 행성들처럼, 뭔가 주목할 만하고 비범하고 기억할 만한 특별 표상으로 선택하죠. 반면에, 한없이 선량하고 고결한 여자들도 존재해요. 하지만 창피함을 모르는 여자들에 대한 핵심은, 그 지독한 악의 진짜 원인은, 바로 여자들에게 덫을 놓고 유혹하고 호객 행위를 하는 남자들에게 있다는 점이에요. 그들은 자기들 체면은 사수하면서, 무지하고 헤픈 여자들을 머리부터 발끝까지 타락시키죠. 하지만 아무리 그래도, 이 비참한 여자들이 그들과 함께 놀아난 남자들보다는 품위를 갖춘 셈이에요. 적어도 그들은 남자들에게 돈을 지불하진 않았으니까. 반면 남자들은 동물처럼 스스로의 덫에 걸려들어 그들에게 화대를 지불해요. 여자들이 얼마나 타락하고 얼마나 비도덕적이고 얼마나 비참한 상태인지에 상관없이 말이죠. 만일 남자들이 여자들이 지닌 겸손과 예의를 조금이라도 보여 줬다면 그런 일은 결단코 일어나지 않았을 거예요.

한번 대답해 보세요. 처녀인 어린 여자가 대담성이 넘치고 부끄러움도 몰라서 남자를 꾀어 타락으로 이끌었던 사례를 들어본 적 있어요? 처녀가 순결을 잃었을 때, 비난받아야 할 사람은 전적으로 남자예요. 그들은 파렴치하게 칭찬을 늘어놓고, 할 수 있는 모든 방법을 동원해 여자에게 잠자리를 애원하고, 마침내 그녀가 창녀가 될 때까지 조금씩 그녀에게서 여성적 품위를 빼앗아 버려요. 그녀가 창녀가 된 건 남자한테 버림을 받아서일 수도 있고, 또 그렇게밖에 할 수 없는 어떤 사정 때문일 수도 있겠죠. 이 불쌍한 존재가 창녀의 지경에까지 와 버리면, 남자들이 자신의 타락에 책임이 있다는 것을 알게 되고 다시는 사랑에 빠지지 않겠다고 결심해요. 남자들한테 숱

하게 속아 왔기 때문에, 차라리 그들에게 복수하겠다고 마음먹죠. 남자들이 그들의 순결을 유린한 것처럼, 그들은 남자들의 지갑을 먹잇감으로 삼아요. 그들은 남자를 사랑하는 척하고, 우연히 남자가 사랑에 빠지기라도 하면, 이런 일들은 진짜로 가끔씩 일어나요, 남자가 정숙한 여자보다 이런 여자들한테 더 깊이 빠지는 경우가 있어요, 왜냐하면 이런 여자들은 남자처럼 되어 버려 남자들이 가진 악의 성향을 갖게 돼요, 어쨌든 남자가 덜컥 사랑에 빠지면, 장담하건대, 그것으로 그 남자는 끝장이에요. 여자는 그를 마지막 동전 하나까지 탈탈 털어버릴 테니까요. 그런 일을 당해도 싸다는 듯 말이죠.

이 모든 것에도 불구하고 저 가련한 여자들에게는 단 한가지 죄가 있을 뿐인데 반해 대부분의 남자들은 끝도 없는 범죄행위를 저질러요. 그런데 왜 그렇게 많은 비난들이 여성들에게만 쏟아지는 거죠? 비난받는다는 것이 수치스럽고 충격적이라는 사실을 부인하려는 게 아니라, 저는 모든 여자들이 몇몇의 위반 행위 때문에 싸잡아 비난받는 게 공평하지 않다는 거예요. 남자들은 의기양양하게 거들먹거리면서 좌시하고 있는데, 몇몇 여자들이 모든 비난을 감수할 이유가 없어요. 저는 이제껏 남자들에게는 무죄를 선언하고 여자들에게만 벌을 가하는 어떤 신의 계율도 들어본 적이 없으니까요. 인간의 법에서조차, 어떤 강력 범죄가 일어나면 법원은 그 범죄에 연루된 수많은 범죄자들 중에 주모자를 찾는 데 전력을 기울여요. 그리고 일단 그를 찾아내면 공범자들에게는 무죄를 선언하고 주요 인물에게만 형벌을 가하죠. 인간의 법과 신의 계율 모두 부정한 남자도 부정한 여자와 동일한 맹비난과 형벌을 받아야 함을 똑똑히 명시하고 있어요. 남자들은 여자들이 범하는 악의 원인이자 선동자이기 때문에 더욱 그래야 해요. 꼭 창녀가 아니라도, 이런 식으로 죄의 구렁텅이에 빠진 소수의 여자들은, 앞서 말했듯이, 그 선량한 본성과 연민으로 그렇게 이끌린 거니까요."

루크레티아가 말했다.

"오, 왜 이러실까, 사랑스런 코넬리아! 당신 설마 지금 우리에게 범죄는 선한 것이라고 말하는 건 아니죠? 정말이지 지금 그 아무 말들을 우리보고 꿀꺽 삼키라는 거예요?"

코넬리아가 말했다.

"하지만 여러분도 남자들이 하는 말을 들어보셨잖아요. 그들의 입에서 나오는 말이 죄다 여자에 대한 험담뿐이라는 걸. '너, 그년 알지? 그년은 그놈한테 목을 메고 있다고.' '또 딴 년 있잖아! 그년 완전 창녀더라! 음란한 계집년! 정말 그러리라곤 상상도 못했어! 그렇게 요조숙녀인 척 하더니!' '오, 이년들 말이야, 내가 다 자 봤는데 얼마나 남자한테 대쉬를 못 받아봤으면 그렇게 고상을 떨까. 경험이 좀 있었다면 완전 난리가 났을 텐데 말이야. 누가 그런 년들을 막을 수 있겠어?' 남자들은 스스로를 비하하지 않고 오로지 여자들만 깎아 내리고 업신여기죠. 마치 자신들에게는 아무런 비난의 책임이 없다는 듯 말이에요. 어떻게 그들이 자신들한테 유리하게 법을 만들게 되었는지, 정확히 누가 그런 건지, 누가 남자들에게 죄에 대한 그런 면죄부를 허락한 건지, 남녀 똑같이 죄를 저질렀을 때, 그걸 남자들조차 부인하지 못할 때, 왜 그들은 비난을 피해갈 수 있는 건지, 왜 똑같은 일로 여자는 수치심을 느껴야 하고 그들은 그걸 자랑스럽게 떠벌릴 수 있는지, 난 도무지 모르겠어요."

코린나가 말했다.

"오, 그냥 그들은 그렇게 살라고 하세요. 남자들은 이러한 관례를 세상에 알림으로써 여자를 욕보이고 깎아 내릴 수 있다고 생각하겠죠. 하지만 사실 그건 우리에게는 유리하게, 그들에게는 불리하게 작용할 뿐이에요. 왜냐하면 그건 여자들에게 남자들과의 교제를 피하라는 경고나 다름없으니까요. 어떤 경우에건 그들은 우리 발 아래 있어요."

레오노라가 말했다.

"누가 알겠어요? 아마 남녀를 대하는 방식 사이에 이런 뚜

렷한 차이를 제일 처음 도입한 사람이 고대의 지혜롭고 용기 있는 여성일지도 모르죠. 남자가 여자와 성관계를 가졌을 때, 그 결과는 여자에게는 매우 수치스런 일이 되고, 남자에게는 어느 정도 칭찬거리가 돼요. 그래서 여자들은 최대한 그것을 숨기려 들고, 남자들은 마치 자신의 영예와 행복이 그것에 달린 듯, 그것을 온 세상에 떠벌리려고 혈안이 돼요. 분명히 이건 여자의 품위와 고결함, 그리고 남자들에게는 그에 상응하는 수모와 치욕을 알기 쉽게 공표하는 하나의 방식이에요. 두 개의 성 사이에 이런 완벽한 차이가 존재하기 때문에, 우리가 이 열등한 종자들과 관계가 엮이는 한, 몸을 낮출 수밖에 없다는 건 정말 모욕적인 일이죠. 결혼했을 경우엔 불가피한 일이라 해도, 그런 필요성 밖에서 이루어지는 관계는 더한 모욕감을 주죠.

하지만 결혼에서조차 성관계는 여자를 저자세로 만들어요. 고대 로마인들은 처녀를 대단히 존경하고 귀하게 여기면서 신성한 존재로 떠받들었어요. 모든 민족들이 그랬어요. 그런 일이 우리가 사는 이 시대에도 전 세계적으로 똑같이 적용돼요. 남자와 한번도 잠자리를 하지 않은 베스타의 무녀[9] 투치아는

9. 베스타 여신의 시중을 드는 처녀

체에 물을 담아 운반할 수 있었고, 또 다른 베스타의 무녀 클라우디아도 수천 명의 남자들이 움직이지 못한 배를 자신의 허리띠로 해안까지 끌어올 수 있었어요. 여자들은 남자와의 관계에서 분리될 때 신성한 힘을 갖게 되고 기적을 만들어 낼 수 있어요. 이건 남자들에게는 해당 사항이 없는 얘기죠. 그들은 아내를 두었을 때에야 진정한 남자로 간주되고, 행복과 영예와 위대함의 정점에 이르게 되니까요. 로마인들은 아내가 없는 남자들에게는 어떤 중책도 맡기지 않았어요. 국가와 관계된 어떤 중요한 임무도, 관공서의 어떤 자리도 그들에게는 허락되지 않았어요. 그리고 여성의 뛰어난 품위와 권위에 대해 더 많은 증거가 필요하다면 이 사실을 생각해 보세요. 남자들이 지혜와 겸손과 미덕을 겸비한 여자와 결혼하면, 그가 비록 더없이 무식하고 파렴치하고 타락한 인간이라 할지라도, 또 그가 저지른 모든 악행에도 불구하고, 그런 짓들이 여자의 평판을 더럽히는 결과를 낳지는 않아요. 하지만 불행하게도, 기혼녀가 어떤 부도덕하고 끈질긴 사생팬의 유혹에 넘어가 체면을 잃는 일이 발생한다면, 그녀의 남편은, 그가 얼마나 선량하고 지혜롭고 존경할 만한 사람인지에 관계없이 그녀의 행실로 인해 곧바로 그리고 완벽히 망신과 치욕을 당하게 돼요. 마치 부인이 남편에게 의지하는 게 아니라 남편이 부인에게 의

존하는 상황처럼 말이죠. 확실히, 두통이 온몸을 시들하게 만드는 것처럼, 여자는 본디 남자보다 더 우수하고 정통적으로 남편보다 더 뛰어난 수장이기 때문에 그녀가 어떤 마음의 상처를 받게 되면, 남편도 딸린 식구로, 그리고 여성의 부속물로 동일한 불행을 겪게 되죠. 자기 아내의 행운뿐만이 아니라 그녀의 불행까지도 나누게 되는 거예요."

코넬리아가 말했다.

"그건 정말 맞는 말이에요. 우리 여자들이 천성적으로 친절하고 동정심이 강하고 온화하지 않았다면, 앞서 말한 사실들만으로도 우리가 남자들과의 교제를 피하는 충분한 이유가 될 거예요. 우리에게 피해만 끼치고 수치심을 주고 우리를 완전히 망치는 관계를 시작할 리가 없으니까요. 여자의 불행에 책임이 있는 장본인이 바로 남자들이라면, 우리를 험담까지 하는 이런 존재들과는 되도록 멀리하면서 우리의 품위와 타고난 여성의 권위를 보다 신중하게 지켜야 해요."

루크레티아가 말했다.

"오, 하지만 당신이 얘기한 모든 것을 생각해 볼 때, 당신도 여자들 또한 세상에서 일어나는 수많은 죄악의 원인이라는 사실을 부인할 순 없을 거예요. 사실 그것이 바로 그들이 '여자'라는 단어로 불려지는 이유죠. '부인(donna)'이라는 단어는 '손상(danno)', 또는 '피해(harm)'라는 단어에서 파생됐어요."

코린나가 소리쳤다.

"그건 사실이 아니에요! 여자들은 '돈네(donne)'라고 불리었는데, 그건 이 세상에 선과 미를 가져오기 위해 신으로부터 받은 '도노 셀레스트(dono celeste)' 즉 재능, 기부의 의미를 지녀요. 맙소사, 손상(danno)이라니!"

이 대목에서 헬레나가 끼어들었다.

"그럼 최초의 여자 이브가 아니었다면 대체 누가 아담을 타락으로 이끌었단 말인가요?"

코린나가 대답했다.

"오히려 그건 아담한테 책임이 있어요. 이브는 선악에 대해 눈뜨게 되는 좋은 결말을 마음에 품고 그것에 이끌려 금단의 열매를 먹었어요. 하지만 아담에겐 앎에 대한 욕망이 없었어요. 그저 탐욕 때문이었죠. 아담은 이브로부터 금단의 열매가 맛이 좋다는 얘기를 듣고 그걸 먹었어요. 그건 불온한 동기였고 더한 불쾌감만 가져왔죠. 그래서 신은 이브가 죄를 저질렀을 때 바로 추방하지 않고, 아담이 신의 계율을 어기자마자 그들을 에덴 동산에서 추방한 거예요. 다시 말해서, 신은 이브의 행동에는 반응하지 않았고, 아담이 결정적으로 둘 다 벌을 받게끔 신의 분노를 부추긴 셈이죠. 게다가 죄를 상쇄시키기 위해 그 누구도 아닌 여자가 선택된 것에 대해서는 어떻게 생각해요? 신은 여자에 필적할 만한 제2의 어떤 다른 남자도 창조하지 않았어요. 고대의 어떤 연대기를 통틀어서라도 성모 마리아가 지닌 신성한 자질과 그 흔치 않은 뛰어남의 천분의 일에라도 미치는 남자를 한번 찾아보세요. 그럴 운은 아주 희박하겠지만!"

루크레티아가 말했다.

"솔직히 그 말에 뭐라고 대답할지 잘 모르겠군요."

레오노라가 말했다.

"당신은 설마 남자들이 여자의 가치를 알아보지 못한다고 믿는 거예요? 사실 남자들은 그걸 매우 잘 알고 있어요. 비록 시기심 때문에 그걸 말로 표현하기 싫어한다고 해도, 그들은 자신들도 모르는 사이에 생각이 전부 행동으로 나오죠. 가령 그들이 거리에서 여자를 만날 때 즉각적으로 어떤 충동에 떠밀려서인지 그녀에게 경의를 표하고 머리를 숙이는 모습을 누구라도 볼 수 있어요. 스스로를 그녀보다 더 낮은 자로 자세를 낮추는 거죠. 교회에서나, 연회에서도 여자들은 언제나 최상석을 배정받죠. 남자들은 훨씬 사회적 지위가 낮은 여자들을 향해 존중과 경의를 품은 듯 행동하고요. 하지만 사랑에 관한 한, 무슨 말을 할 수 있을까요? 아무리 태생이 비천한 여자라 할지라도 남자들이 눈길을 주지 않는 여자가 있긴 한가요? 명문가 출신의 남자라도 쉬운 여자나 교양 없는 평민 출신의 여자들과 놀아나고, 심지어 자기 하인과도 그런 짓을 하는 데에도 일말의 부끄러움을 느끼지 않아요. 그건 바로 남자가 여자들의 타고난 우수함이, 그들의 낮은 지위를 보상해 준다는 걸 감지하기 때문이죠. 여자들의 경우 전혀 달라요. 아주 특이하고 별난 경우를 제외하고는, 귀족 출신의 여성이 가진 게 별로 없는 남자와 사랑에 빠지는 경우는 거의 없어요. 여자가 자기와 같은 사회적 지위를 가진 남자와 사랑에 빠지는 경우도 거의 찾아볼 수 없고요. 그래서 사람들은 여성이 죄를 저지르는 얘기를 들었을 때 놀라게 되는 거예요. 그건 아주 이상하고 이례적으로 들리거든요. 여기서는 창녀를 배제시키고 말하는 거예요. 상대적으로 남자의 경우에는 별로 눈에 띄지 않아요. 그들의 죄는 더 이상 새로울 것도 없는 일상적인 일이 되어 버렸기 때문이죠. 사실 남자들의 타락에 대해 말하자면, 만일 어떤 남자가 다른 남자들보다 선하거나 그가 그들의 나쁜 습관을 공유하지 않을 때, 그건 그들 사이에서는 남자답지 못하다는 신호로 간주되고, 바보 같은 놈으로까지 취급되기도 해요. 정말로 많은 남자들이 관습의 압력만 아니라면 보다 행실을 삼가고 살아가겠지만, 현 상태로는 다른 남자들처럼 막 행동하지 않는다면 남자로서 창피함을 당할 거라 느낀다는 거죠."

헬레나가 말했다.

"언젠가 책에서 읽었는데, 그리스 로마 시대에는 여자들의 죄를 아주 중히 다뤄 혹독한 형벌에 처한 반면 남자들은 형벌을 피해 갔다고 해요."

코린나가 말했다.

"음, 그 이유는 명백하죠. 남자들은 사악하지만 어리석진 않거든요. 법을 만들고 그것을 집행하는 사람들은 바로 그들이에요. 그들이 남자를 벌주고 여자를 사면할 리가 없잖아요. 어쨌든 그들은 자기들이 법을 집행할 가능성은 매우 적다는 걸 알면서 법을 만들었어요, 알다시피 여자 범죄자들은 극소수니까. 만약에 남자들이 여자와 동등한 방식으로 벌을 받았다면, 거의 대부분의 남자가 사형을 당했을 거예요."

루크레티아가 말했다.

"오, 제발 진정해요. 이 불쌍한 남자들에 대해 나올 말은 거의 다 나온 거 같군요."

코넬리아가 말했다.

"오, 무슨 말씀이세요. 누구라도 더 하려고만 들면 얼마든지 더 쏟아낼 게 많은데. 솔직히 당신은 그 끝을 보고 싶어하지 않는 것 같지만 얘깃거리는 무한정 쏟아질 거고 그러다 보면 지구 위의 모든 언어가 바닥나 버리고 말겠죠. 얘기를 끝내려면 므두셀라나 네스토르만큼 오래 살아야 할 거고요. 우리가 지금까지 얘기한 건 남자들이 가진 비열함의 극히 작은 부분에 지나지 않아요. 하지만 당신은, 이 모든 게 맞다면 어떻게 여자들이 남자들을 사랑하는 것은 물론 그들을 쳐다볼 수나 있겠느냐고 묻고 싶겠죠."

코넬리아가 탄식했다.

"불쌍한 남자들 같으니, 우리는 평생 그들을 위해 뒤치다꺼리를 하는데 있는 그대로 우리를 존중하지 못하다니! 애들도 돌보고 그들의 일과 삶도 다 보살펴야 하죠. 정말 우리 없이는 아무런 희망도 없고 어떤 일도 제대로 할 수가 없는 존재들이에요. 돈 벌어 오는 사소한 일 따윈 치워 버리라고 해요. 대체 그들이 할 수 있는 게 뭐예요? 그들의 뒤를 돌봐주는 여자가 없다면 그들은 과연 어떻게 될까요? 아마 가정을 꾸려 나가기 위해 하인들한테 의지하겠죠. 그리고 의당 하인들이 받아야 할 돈을 착취하고, 그들의 삶을 비극으로 내몰겠죠. 이런 일들은 비일비재해요."

레오노라가 말했다.

"우리는 가정을 꾸려 나갈 때 남자의 부담을 덜어 줄 책임이 있어요. 보편적으로 주장하듯이, 우리는 남편을 지배하기 위해서가 아니라 단지 그들에게 조용한 삶을 만들어 주고 싶어서 그렇게 하는 거죠. 여자와의 애정적인 유대감 없이는, 남자란 존재는 가정에서 진정한 만족감이나 조화를 느낄 수가 없어요. 아내가 됐건, 어머니가 됐건, 여자 형제가 됐건, 그를 돌봐주고 그와 좋은 시간과 나쁜 시간 모두를 함께 할 여자 없이는 그렇게 돼 버려요. 그렇기 때문에 여자를 세상에서 해악의 원천이라고 말할 수는 없는 거예요. 오히려 여자는 지혜와 미덕과 선량함으로 세상에 어마어마한 이득을 끼치고 있어요.

이 모든 것에 더해 여자의 육체적 아름다움과 품위 외에도, 여자들은 남자들이 사랑하지 않을 수 없는 또 다른 장점들을 가지고 있어요. 가령, 그 중 하나가 의연한 몸과 마음인데, 여자들이 무기를 들고 무엇엔가 대항하지 않는다면, 그건 그들이 약하고 부족해서가 아니라, 문제는 그런 방식으로 양육되었기 때문이죠. 군대에서 훈련받은 여자들이 용맹스러움이나 기술면에서 남자들보다 월등하다는 건 입증된 사실이에요. 그건 신속히 판단하는 여성 특유의 재능이 발현된 거라고 볼 수 있어요. 이런 점이 그들을 그 분야에서조차 남자들보다 더 뛰어나게 만드는 거죠. 그 증거로, 카밀라, 전부(戰斧)[10]의 발

10. 도끼처럼 생긴 옛날 무기

명가 펜테실레이아[11], 히폴리타[12], 오리디아 등 그 모든 용맹한 여자들을 생각해 보세요. 그들에 대한 기억은 지금까지 억눌려 왔어요. 남자들에 의해 씌어진 역사책 같은 데도 나오지 않고요. 그리고 문자에 대해서도 아주 명백하죠. 맨 처음 알파벳을 발명한 사람은 카르멘타라는 여자였죠. 시(poem)는 그녀의 이름을 본따 카르미나(carmina)라고 불렸어요. 사포는 또 어떻구요? 그녀는 아테네의 현자, 최고의 서정 시인으로 꼽히죠. 테베의 코린나는 웅변에서 핀다로스를 능가했고요.

여자들이 그들의 용기와 유명한 행적에 대해 사랑받아야 한다면, 유디트[13]의 뛰어난 행적이나, 키루스에 대한 토미리스의 복수, 클레오파트라의 의연한 영혼을 생각해 보세요. 아니면, 남편들이 전쟁에 나갔을 때 스파르타 여자들이 어떻게 했는지도 보라고요. 그들은 방패에 '그들과 함께, 또는 그들 위에'라고 씌어진 끈을 묶곤 했어요. 그건 자기 남편들이 승리를 거두고 돌아오든지, 아니면 영예롭게 죽음을 맞이하라는 뜻이

11. (그리스 신화) 아마존족의 여왕으로, 트로이전쟁에서 트로이 편을 들어 많은 강적들을 무찔렀으나, 끝내는 아킬레스에게 피살되었다.
12. (그리스 신화) 아마존족의 여왕
13. 베투리아 마을의 과부로, 아시리아군 공격시 적장 홀로페르네스를 유인하여 그 목을 잘라 가지고 돌아와 고대 유대를 구했다.

에요. 자신들의 나라를 끔찍이도 사랑한 로마의 여자들은 갈리아인으로부터 해방되기를 간절히 염원한 나머지 자신들의 재산과 장식품 모두를 자진해서 포기하고, 그것들을 국가에 헌납했어요. 이러한 행동이 원로원들로 하여금 여자들에게 마차를 탈 권리를 촉발시켰죠. 사빈의 여성들을 겁탈함으로써 전쟁을 일으킨 건 로마의 남자들이었고, 평화를 다시 재건한 건 로마의 여자들이었어요. 과거와 현재를 통틀어 여자들의 담대함과 애국심을 증명하는 수많은 사례들이 존재해요. 너무 많아서 여기 다 거론할 수가 없을 정도죠."

코넬리아가 말했다.

"스파르타의 여성들에 대해 더 언급할 필요가 있겠어요. 그들은 자신들의 남편이 감옥에 갇히면, 남편을 보기 위해 적으로부터 허가를 받아 낸 다음 자기가 입고 왔던 옷을 벗어서 그것을 남편에게 입혀요. 그리고 자신은 감옥에 남아, 위험으로부터 탈출시킨 남편 대신 죽음을 맞이했죠."

루크레티아가 말했다.

"남편에 대한 여자의 사랑에 대해서는 정말 셀 수 없을 만큼 많은 이야기들이 있어요. 하지만 그걸 전부 말하는 건 더 이상 불필요해 보이네요."

레오노라가 말했다.

"그걸 들어야 할 사람은 남자들이에요."

코린나가 덧붙였다.

"오, 남자들은 그것에 대해 이미 충분히 알고 있어요. 단지 그걸 모르는 척할 뿐이에요. 그런데도 얼마나 많은 남자들이 자기 아내를 학대하는지 보라고요. 그건 매일 일어나는 다반사라 새삼스레 거론할 필요도 없을 정도죠. 여자들이 육체적으로 순결하기 때문에 사랑받을 가치가 있는 거라면, 그렇다면 더 분명해져요. 여성의 지조에 대해 이미 넘치도록 회자되었던 얘기들 외에 더 보탤 필요도 없어요. 그러니 나는 기독교건 이교도건, 고대의 순결했던 여성들에 대해 수천 개의 사례를 말하는 짓은 안 하겠어요. 친절과 부드러움이 사랑을 받기에 충분한 요건이라면, 여자들이 누군가를 미워하는 데 서투르다는 건 익히 알려진 사실이잖아요. 여자는 얼마나 상처를 입든지 진실된 말 한 마디만으로도 자신이 받았던 모든 학대를 잊을 수 있다고요.

이걸 더 분명히 입증해야 한다면, 아마 미약한 인간 대신 천사의 펜이 필요할 거예요. 여성의 장점과 그들이 이 세상 남자들에게 가져다 주는 축복은 끝이 없을 테니까요. 여자가 그런 영광과 위안의 원천이기 때문에, 신께서도 여자가 남자보다 더 많이 태어나도록 설계하신 거예요. 때문에 딸이 태어났을 때 가정에서는 최고의 환희로 가득 차야 해요. 하지만 오히려 딸이 태어났다는 소식을 들은 아버지는 간담이 서늘해진 채 실망을 드러내며 자기 아내에게 화를 내죠. 사실 이것 때문에 아내들의 삶을 불행으로 몰고 가는 남자들이 부지기수예요. 마치 딸을 낳은 게 여자 혼자만의 책임이고 자신들은 아무런 상관이 없다는 듯 말이죠. 정말 그들은 자신들의 딸과는 아무 관련이 없는 사람이 되고 싶어해요.

이 모든 게 얼마나 악의적인가요! 남자들은 딸이 태어나면 기뻐해야 해요. 딸들은 온순하고 조용히 성장해서 부모를 돌보고, 온 정성과 사랑을 다해 살림도 꾸려 가잖아요. 그런데도 아들이 태어나기만을 바라는 거죠. 그들은 성장해서 부모 돈을 탕진하기 일쑤에다가, 말썽거리를 찾아 쏘다니면서 심지어 죽고 죽이는 짓까지 서슴지 않아요. 그렇게 끊임없이 위험에 빠지다가 결국 추방을 당하고, 노름에 빠지거나 부적절한 여자와 결혼하고, 한 가정의 우두머리가 되어 군림하려 들고, 물려받은 유산을 자기 마음대로 펑펑 쓰려고 아버지가 죽기만을 눈이 빠지게 기다리죠. 하루빨리 아버지의 발 아래에서 벗어나려고 안절부절못하는 거죠. 우리가 매일 눈앞에서 확인할 수 있듯이, 이게 대부분 아들을 낳은 결과로 찾아오는 기쁨이자, 즐거움이자, 환희랍니다. 어떤 트러블도 일으키지 않는

딸과는 완전히 다른 상황이죠. 딸을 위해 아버지가 해야 하는 건 남편을 얻어 주기 위해 딸에게 지참금을 제공하는 게 전부예요. 그러니 그들은 자기 딸들에게 얼마나 고마워해야 해요? 실제로는 정반대의 상황이 일어나지만요."

레오노라가 지참금으로 요구되는 터무니없는 금액에 대해 얘기하자 헬레나가 말했다.

"지참금을 주는 이유는 남자가 결혼하고 나면 굉장히 큰 부담을 짊어지기 때문이에요. 부유하지 않은 남자는 그런 보조 장치 없이는 가계를 꾸려 갈 수가 없어요."

코린나가 반박했다.

"당신 생각은 완전히 틀렸어요. 오히려 여자들이 결혼하면 육아 경비에 다른 온갖 걱정거리들을 떠안게 돼요. 돈이 필요한 건 정작 여자들이라고요. 여자가 미혼일 때는 그 지참금 정도의 금액을 가지고도 여왕처럼 살아갈 수가 있는데, 남편을 얻고, 특히 남편이 가난할 경우, 정확히 그 결혼으로 어떤 이득을 볼 수 있죠? 스스로의 주인이 되고 자기 돈의 주인이 되는 대신, 노예가 되어 버리고 자기 재산에 대해서도 자유와 통제권을 잃어버려요. 그렇게 자기를 산 남자에게 모든 것을 내주고 그의 손 안에 모든 걸 쥐게 만들어 결국 그가 일주일 만에 그 모든 걸 탕진하게 만들어 버리는 것 외에, 결혼 후 여자들에게 남는 게 뭐가 있나요? 이게 바로 여자들의 결혼이란 겁니다! 그들은 자기 재산도 잃고 자기 자신도 잃고 돌아오는 거라곤 고통만 안겨 주는 자식들과 자기 마음대로 명령하는 남자의 지배뿐이에요.

지참금은 남자에게 주어질 필요가 없어요. 대신 그것을 남자가 여자에게 준다면, 결혼은 좀 더 견딜 만한 것이 될 거예요. 비록 남자들이 또 그걸 이용해 최고의 흥정을 하려 들 테지만요. 본래 남자는 최소한의 경비 지출로도 엄청난 대가를 얻게 되잖아요. 가령 소중한 아내의 진실된 사랑과 상냥한 동지애 같은 보물을 얻는 거죠."

퀸이 말했다.

"맞는 말이에요. 남자들이 여성의 위대한 가치를 간과하려 드는 건 큰 과오를 범하는 거죠. 결국 여자가 없는 남자는 머리가 없는 파리와도 같으니까요. 우리가 지금 이 주제에 대해 토론하는 동안 나는 실제로 미혼의 남자 친척들과 남자 지인들 집을 방문했던 일이 기억 나는군요. 아마 여러분들이었다면 마치 구빈원으로 들어가고 있다는 생각이 들었을 거예요. 얼마나 더럽고 지저분한지, 모든 게 사방에 흩어져 있고, 그건 번듯한 남자가 사는 집이라기보다는 폐품 장수의 가게 같았다니까요."

코린나가 말했다.

"한번 생각해 보세요. 만약 남자들이 지금 우리가 하는 말을 듣는다면, 그에 대한 보답으로 그들이 우리에 대해 얼마나 더한 악담들을 해댈지 말이에요."

루크레티아가 말했다.

"그들은 아마 일종의 답례로 여자를 경멸하는 책을 쓰겠죠."

코린나가 말했다.

"오, 이미 그들은 수천 번 저질러 온 일들을 계속할 거예요. 우리가 그들을 공격할 때까지 좌시하지만은 않을 거란 건 확실해요."

레오노라가 말했다.

"그래요, 그들이 우리에 대해 계속해서 다량으로 찍어 내는 그런 주장들만큼 낡고 피로한 것들은 거의 찾아볼 수 없을 정도죠. 진실의 한 오라기도 발견할 수 없는 그런 주장들요."

코린나가 말했다.

"오, 그것에 대해서라면 그냥 내버려 두세요. 그들이 이런 근거 없는 불가능한 생각들과 환상들을 계속해서 상기시키는 짓을 내버려 두자고요. 그들이 쓰는 건 일고의 가치도 없고, 저는 그런 건 아예 귀찮아서 읽지도 않을 테니까요."

루크레티아가 말했다.

"오, 진정해요! 남자들이 오늘 당신이 줄곧 주장한 대로 그렇게 나쁜 존재라면, 우리는 왜 여전히 그들을 사랑하려고 하는 걸까요? 우리 마음을 그들에게 굴복시키고 평생 기꺼이 노예가 되어 스스로를 바치도록 이끄는 건 뭘까요?"

코린나가 이 질문에 막 대답하려고 할 때 퀸이 끼어들어 말했다.

"지금 루크레티아와 코린나가 서둘러 결론을 내릴 수 없는 주제를 시작하고 있는 것 같군요. 태양이 이제 막 지고 있으니, 오늘은 이 정도로 하고, 내일까지 토론을 연장하도록 합시다. 내일 코린나는 루크레티아의 질문에 대답하도록 하고, 오늘 우리가 끝내지 못한 이야기들을 이어가도록 합시다."

퀸은 이렇게 말하고 자리에서 일어났고, 대화에 너무 깊이 몰입한 나머지 저녁 시간이 됐는지도 의식하지 못한 다른 여자들도 퀸을 따라 일어났다. 다음 날 어디에서 만날지에 대해 얘기가 나오자, 레오노라가 말했다.

"지금 무슨 얘기들을 하는 거예요? 오늘 여기서 대화가 시작됐으니, 끝내는 것도 여기가 되어야지요. 그래야 조금이라도 일찍 시작할 수 있지 않겠어요? 제가 여러분을 초대합니다. 제발 부탁입니다. 아니 할 수만 있다면 명령합니다. 내일 아침 여기로 식사를 하러 오세요. 그러면 좀 더 일찍 토론을 시작할 수 있고, 정원을 즐길 시간도 충분할 테니까요. 사실 오늘은 거의 그럴 시간이 없었잖아요."

레오노라가 집요하게 권하는 바람에, 모두 그녀의 정중한 초대에 응하기로 하고, 다음 날 다시 모일 것을 약속했다. 그러고 나서 나무 그늘과 시원한 공기 속에서 잠시 거닐다가, 서로 작별인사를 나누고 레오노라의 집을 떠났다.

SPES
MEA IN
DEO
EST

"이 남자들을 우리 삶에서 사라지게 만들고, 그들의 불평과
조롱으로부터 완전히 탈출하는 게 불가능한 일일까요?
그들 없이 살아갈 수는 없을까요? 그들의 도움 없이 우리 스스로
생계를 책임지면서 일을 하며 살아갈 수는 없을까요?
자, 이제 우리 깨어납시다! 그리고 그들이 오랫동안 빼앗았던
우리의 자유와 명예와 품위를 되돌려 달라고 요구합시다!"

둘째 날

상쾌한 장밋빛 새벽은 이미 동쪽 창문에 모습을 드러내고 있었다. 하늘은 가장 순결한 빛에 젖은 희고 푸른 색을 띠었다. 인간들에게 청명하고 빛나는 날이 될 거라는 신호였다. 아드리아나와 그녀의 딸, 그 밖의 다른 여자들은 잠자리에서 일어나 기분 좋은 설렘을 가지고 옷을 입었다. 그리고 평소처럼 예배를 드리고 기도를 올렸다. 제각기 곤돌라를 타고 레오노라의 집을 향했다. 그들은 거의 동시에 그녀의 집에 도착했다. 평소처럼 레오노라는 반갑게 그들을 맞이했고, 퀸은 그녀에게 말했다.

"레오노라, 일찍 와서 당신과 아침을 먹기로 한 약속을 우리가 얼마나 잘 지켰는지 한번 봐요. 그런데 하마터면 식탁 앞이 아니라 침실에서 당신에게 아침 인사를 할 뻔했군요."

레오노라가 말했다.

“여러분이 조금만 더 일찍 도착했더라면, 여러분은 새벽녘에 제가 꾸고 있던 이상한 꿈을 방해할 뻔했어요. 아마 어제저녁 우리가 나눈 대화 때문이었던 것 같기도 해요. 꿈에서 저는 여러분들이 얘기했던 끔찍한 남자들과 드잡이하면서 그들에게 막대한 상해를 입히고 있었어요. 저는 인정사정 없이 그들을 난도질하면서 무차별 학살을 저질렀고 그들은 모두 줄행랑을 치기에 바빴어요. 너무도 소란스런 소음 때문에 저는 공포에 질려 잠이 깼는데, 이미 날이 밝았더군요. 그런데 그 시끄러운 소리가 제가 키우는 작은 고양이와 용맹스런 쥐의 군단들 사이에 벌어진 전투 때문이란 걸 알았어요. 고양이가 잘게 썬 쥐 고기를 준비해 놓았더라고요. 방은 온통 피투성이고 쥐의 사체들로 가득했어요. 제 꿈이 왜 그렇게 뒤숭숭했는지 아시겠죠?”

여자들은 이 터무니없는 얘기를 듣고 웃음을 터뜨렸다. 버지니아가 말했다.

“어제 당신과 함께 머물렀다면 더 좋을 뻔했군요. 그랬다면 당신은 우리와 얘기하느라 거의 잠을 못 잤을 거고, 그렇게 되면 당신은 꿈에서 이룬 그 놀랄 만한 업적을 이룰 기회도 갖지 못하고 그 가련한 남자들을 향해 기량과 용맹을 떨치지도 못했겠죠."

코넬리아가 말했다.

"우리가 어젯밤 여기 계속 머물렀다면, 오늘 대화를 이어갈 필요도 없었겠죠. 이미 어젯밤에 한숨도 안자고 떠들어 댔을 테니까요. 하룻밤 동안에 이미 오늘 토론을 끝냈을 거예요."

레오노라가 말했다.

"왜 안 그랬겠어요!"

퀸이 말했다.

"그런데, 왜 우리가 당신 집에 이렇게 일찍 쳐들어 왔는지 알아요? 아침의 청량한 공기 속에서 정원을 조금이라도 더 오래 거닐고 싶은 호사를 누리고 싶었거든요."

레오노라가 말했다.

"딱 좋은 때에 왔어요. 지금이 바로 정원을 즐기기에 좋은 시간이죠. 태양도 아직 뜨겁지 않고요. 우리 나가죠! 무화과와 자두를 조금 딸 수 있을 거예요. 포도도 무르익어 가고 있어요."

레오노라는 그들을 정원으로 안내한 후 원하는 만큼 거닐면서 즐기도록 놔 두었다. 그동안 그녀는 아침 식사를 준비했다. 모든 음식이 식탁 위에 차려진 후 레오노라는 부족한 게 없는지 점검하고 정원의 숙녀들을 불렀다. 그들은 모두 즐겁게 식탁 앞에 앉아, 우스갯소리를 하고 소리 내어 웃으며 실컷 먹고 나서는 다시 정원으로 돌아왔다. 그리고 퀸의 명령에 따라 제각기 전날 앉은 위치에 자리를 잡고 앉았다. 여전히 이른 시간이었다. 코린나가 말을 시작했다.

"루크레티아, 어제 당신이 했던 질문은 아주 중요한 질문이에요. 하지만 제가 그 답변을 준비하는 데 밤을 보냈다고는 생각하지 마세요. 저는 그런 사소한 일에 잠을 빼앗기기는 싫거든요. 특히 그런 질문은 아주 쉽게 해결될 수 있으니까요. 당신 질문은 남자가 그토록 나쁜 종자들이라면, 품위와 분별을 갖춘 여자들이 어째서 그들을 그토록 깊이 사랑하는지에 대한 것이었죠.

제 답변은 세 가지로 나눌 수 있어요. 우선 여자들이 남자를 사랑하는 각기 다른 방식들에 대해 구별할 필요가 있어요. 첫째 경우는, 그 사랑이 본질적으로 관능적일 때, 사회적 통념에 어긋나는 행동으로 빠질 수 있어요. 그 근본 원인은 자신이 사랑하는 남자의 욕구를 충족시켜 주려는 여자들의 단순한 바람과 순진함이죠. 여성의 유일한 단점인, 마음이 약하다는 점이에요. 하지만 가족이나 친구에 대한 애정과 같이 성적 이끌림이 개입되지 않는 경우에조차, 여자들은 그들이 사랑하는 남자의 악한 본성을 십분 인식하고 있을 거예요. 여전히 그들을 소중히 여기고 돌보면서도요. 이건 전적으로 여성이 천성적으로 타고난 압도적인 관용과 선량함에 기인해요. 이건 모든 피조물들에 대한 무한한 사랑과 배려를 베푸는 신적인 자비와 비교될 수 있어요. 그들이 얼마나 그것을 업신여기고 얼마나 하찮게 그 사랑을 되갚는지에 상관없이 말이죠.

마지막으로, 이러한 천성적 원인과는 별도로, 많은 여자들의 사랑은, 그것이 관능적이건 애정적이건, 별들의 영향을 받아요. 여자들은 남자들을 사랑하는 무가치함과 그 배은망덕함에 대해 이미 잘 알고 있고, 그게 시간과 에너지를 어리석게 낭비하는 짓이라는 것도 알고 있죠. 하지만 여전히 사랑으로 향하는 자신을 발견해요. 이건 별의 영향력이에요. 애욕이 시작되고 지속되는 데 그 어떤 다른 인자들보다 영향력이 강한 것이죠. 비록 우주가 영향력을 끼치나 강요하지는 않는다고 해도, 사랑에 관한 한 이러한 이치에 절대적인 믿음을 가져야 하는지는 확신할 수 없어요. 왜냐하면 사실 우리는 이 세상에서 일어나는 일들의 원리를 잘 모르잖아요. 만사가 발생하는 원인을 확언할 수는 없죠."

버지니아가 물었다.

"그럼, 이런 천체의 위치와 특징들이 남자가 여자를 사랑하는 데에는 영향을 미칠 수 없나요? 방금 얘기한 것처럼 여자가 남자를 사랑하는 데에는 영향을 미치잖아요."

코린나가 대답했다.

"분명히 그럴 수 있죠. 단, 남자들이 자신들 안에 내재해 있는 사랑의 근본 자원을 발견해야만 해요. 그래야 사랑이 왔을 때 자연스럽게 받아들일 수 있어요. 여자들은 타고난 선량함으로 진실한 사랑에 기울게 되지만 남자들은 천성적으로나 의지로나 사랑을 향하지 않기 때문에, 지극히 제한된 선 안에서만 별들의 영향력을 받게 돼요. 이건 사랑뿐만이 아니라 우정에서도 관찰될 수 있어요. 여자들은 남자보다 같은 여자들끼리 훨씬 더 손쉽게 친구가 되고, 그들의 우정은 오래 지속되죠."

루크레티아가 말했다.

"천체의 측면이 우리에게 크나큰 영향력을 행사한다는 건 완전히 맞는 말이에요. 특히 우정에 관해서는요. 이런 경우가 많이 있었죠. 교회나 무도회장이나 연회에서, 남녀를 떠나 전혀 모르는 사람인 데다 두드러진 매력도 없는데, 이상하게 끌리는 사람들이 있어요. 바로 말을 걸고 싶어지는 그런 사람들이요. 반면에 나한테 어떤 피해도 끼치지 않았고 훌륭한 자질을 갖춘 사람들인데도, 첫눈에 왠지 강한 거부감이 들어서 얼굴조차 쳐다보기 어려운 그런 사람들이 있잖아요."

코린나가 말했다.

"진정한 우정과 친밀감은 모든 선의 기본이 되죠. 세상을 살아 있게 만드는 건 우정이니까요. 우정은 결혼에 있어 남녀의 개별적인 영역을 지켜주는 역할을 하죠. 우정과 그 요소들의 결합은 몸의 건강을 유지시켜 주고, 대기에는 화창한 날씨를, 바다에 잔잔함을, 지구에 평화를 가져오고, 그렇게 도시들은 세워지고, 왕국은 위대해지고, 모든 피조물들은 안락하게 살아가게 돼요. 인간이 이웃과 화평을 이룰 때, 그는 안전 속에서 걷고, 먹고, 잠자게 돼요. 그리고 그가 하는 모든 일은 평온과 휴식의 정신 안에서 이루어져요. 이러한 이유로, 그는 자신의 모든 에너지를, 기존의 비극에 자기의 새로운 비극을 보태기 위해서가 아닌, 평화 속에 살아가기 위해 사용해야 하는 거예요. 아무것도 아닌 일에, 모든 사소한 일에 화를 터뜨리기보다는, 몇몇 작은 불편함을 감수하고, 타인의 경솔함을 덮어주고, 무지몽매한 사람들을 연민하면서, 가능한 한 갈등을 피하고 평화롭고 조화롭게 살아가기 위해 최선을 다해야 하는 거죠. 어떤 면에서 평화 속에서 살아가는 사람은 신 안에서 살아가는 것과 같아요. 파라다이스에서는 평화와 자비 이외에는 아무것도 없으니까요. 신 자체가 평화이자 자비이자 파라다이스니까요. 하지만 어떤 사람들은 평화와 화합의 힘을 지닌 자연의 요소들과 불화를 야기하는 인자들을 발견했다고 주장하기도 하죠."

코넬리아가 소리쳤다.

"아, 불화! 모든 것의 파괴자! 남자들이 서로 조화를 이루지 않을 때 전쟁이 일어나죠."

코린나가 말했다.

"슬픈 일이죠. 지역들과 가족들은 전멸되고 나라는 전복되고 사람들은 피폐해져요. 불화의 인자들은 대기에 천둥과 번개를 만들고 바다에는 폭풍을 일으키고 땅 위에는 지진을 일으키죠."

헬레나가 말했다.

"오, 지진 하니까 작년이 떠오르네요. 그때 지진의 진동을 모두 느끼셨나요?"

다들 입을 모아 말했다.

"느끼고 말고요! 그때 얼마나 놀랐는지!"

그들은 이 주제에 대해 이야기를 이어가다가, 헬레나가 물었다.

"내 친구 코린나, 지진을 일으키는 게 뭐라고 생각해요?"

코린나가 말했다.

"바람이죠. 자연스럽게 떠도는 대신 어떤 이유로 인해 땅 아래 갇히게 되고, 빠져나갈 방법을 발견하지 못할 때, 그건 스스로 내재된 성질로 인해 갇힌 채 머무를 수가 없어요. 그래서 온 에너지를 다해 빠져나오려고 하고, 그렇게 형성된 강력한 힘이 땅을 맹렬하게 뒤흔드는 거죠."

헬레나가 말했다.

"이런 자연의 비밀을 알게 되다니 대단히 흥미롭네요. 대기와 바다의 요동은요? 어떻게 그런 게 발생하죠? 그것에 대해서도 말씀해 주실 수 있겠죠?"

코린나가 말했다.

"그건 행성들의 각기 다른 이동 때문에 발생해요. 특히 태양과 달의 이동이죠."

레오노라가 말했다.

"태양은 정말 우리가 사는 지구에 어마어마한 영향을 미치니까요."

코린나가 말했다.

"태양은 놀랍도록 빠르게 움직이는 행성이에요. 점성학자에 따르면 태양 자체의 구조가 허락하는 범위보다 더 빠르게 움직여요. 매달 황도십이궁의 다양한 별자리들을 통과하면서 지구의 반구체에 접근하거나 멀어지는 때에 따라 더위와 추위, 긴 낮과 짧은 낮을 만들죠. 그리고 춘분점과 추분점으로 지구의 날씨와 낮 시간을 측정해요. 이 행성은 해를 바꾸고, 날씨를 누그러뜨리고, 세상을 혁신하고, 세상에 녹색의 옷을 입히고, 다른 행성들과 돌들에 생명력을 충전시키고, 동물들에게 그들의 생존을 위해 필요한 본능을 자극시키죠."

코넬리아가 말했다.

"달은 태양으로부터 빛을 받는 천체라고 들었어요. 그럼, 그 모든 영향력은 결국 태양으로부터 비롯된다는 의미일까요?"

코린나가 답했다.

"전혀 그렇지 않아요. 비록 달이 태양으로부터 빛을 받기는 하지만, 달이 지닌 극도의 습기는 그 특성과 영향 면에서 아주 다른 결과를 만들어 내죠. 다른 행성들보다 지구에 가장 가까운 달은, 차고 기우는 과정에 따라 보름달이 되었다가 초승달로 변하고 일식 · 월식 등을 거치면서 지구에 다양한 영향을 끼치게 돼요. 달은 때때로 번개와 천둥, 자욱한 안개, 바람, 비, 태풍 등을 일으키기도 하고, 또 청명하고 온화한 기후를 만들기도 하죠. 동시에 달은 차고 기우는 때에 따라 바다의 모양을 바꿔요. 달의 이동은 바다의 밀물과 썰물에 영향을 주면서 사나운 태풍과 위험천만한 돌풍을 몰고 오죠. 게다가 달은 극심한 습기로 인해 인간의 신체에 해로운 영향을 입혀요. 달은 그 주기를 거치면서 인간의 질병에 좋거나 나쁜 영향을 지대하게 미치기도 한답니다. 그게 바로 의사들이 아주 세심하게 달의 주기를 관찰하는 이유예요. 달이 바다에 미치는 영향과 동일한 방식으로 인간 신체의 바이오 리듬을 휘저어 놓으며 방해할 수 있으니까요."

퀸이 말했다.

"정말 그토록 멀리 있는 사물들에 대해서까지 이 정도로 안다는 건 인간이 얼마나 지혜로운지 알려주는 놀랄 만한 증거지요."

루크레티아가 말했다.

"동물들도 이런 것들에 대해 아는데, 인간들이 그 신성한 지성으로 알게 되는 게 뭐가 그리 놀랄 만한 일이겠어요?"

아드리아나가 대답했다.

"저도 동물들이 그렇다고 들었는데, 특히 새는 날씨 변화를 예측하고 다양한 방식으로 신호를 보낸다고 해요."

코린나가 말을 이었다.

"집에서 키우는 수탉·거위와 같은 가축들에게서도 매일 그걸 살펴볼 수 있어요. 가령, 그들은 대기에서 어떤 변화를 느끼면 날개를 퍼덕이고 공중을 선회하고 평소보다 훨씬 더 날카로운 소리를 내죠. 그런데 어떤 동물보다 미래에 일어날 좋은 일이나 나쁜 일에 대한 조짐을 알려주는 건 까마귀예요."

레오노라가 말참견을 하며 끼어들었다.

“자, 자 여러분, 죄송하지만 우리는 지금 이 토론의 규칙을 깨고 있어요. 남자들의 잘못에 대해 토론하는 자리에서, 여러분은 달이니 구름이니 새 따위의 엉뚱한 소리들만 하고 있거든요. 불안정한 것의 샘플을 원한다면 남자에 대해 얘기하는 게 어때요? 자연의 부조화에 대해 관심이 있다면, 음, 그것도 역시 남자들이 충족시킬 수 있겠어요. 만일 대기를 날아다니는 어떤 것에 대해 말하고 싶어 미치겠다면, 남자들의 두뇌 외에 뭘 더 찾을 필요가 있겠어요? 어떤 방향성도 없이 새들마냥 이리저리 날아다니면서 이러쿵저러쿵 떠들어 대는 남자들 두뇌 말이에요. 점성학이 다 뭐예요? 이런 얘기들과 연구들은 지금 우리 주제와 아무런 관계가 없어요.”

코린나가 말했다.

“저는 이 분야에 대해 어떤 공부도 하지 않았어요. 요 정도밖에는 모르죠. 하지만 점성학은 사실 고매한 지식인들이 관심을 가질 만한 유망한 분야예요. 이 분야에 대해 글을 남긴 고대인들도 많았고, 우리 시대에는 이미 수많은 전문가가 포진해 있어요.”

레오노라가 말했다.

“오, 그거 멋지군요! 그런 것들 말고 우리에게 달리 뭐가 필요하겠어요! 아까는 점성학에 대해 얘기했으니까, 이젠 당신이 알고 있는 점성학자들에 대해 한 명씩 열거할 계획이군요. 그러고 나서 또 뭘 할 거죠? 다시 새의 얘기로 돌아가서 새들의 등에 난 깃털 하나하나를 나열하겠군요. 어서 하세요. 정말 듣고 싶어서 못 견디겠군요!"

루크레티아가 말했다.

"그게 그렇게 나쁜 생각은 아닌 것 같은데요. 어서 얘기해 봐요, 코린나. 아까 말했던 새들 얘기를 계속 해봐요. 앞으로 일어날 날씨나 다른 일들을 예측하는 새들이요."

코린나가 말했다.

"고대인들은 여러 새들의 행동을 관찰하고 미래에 일어날 일들의 전조를 읽곤 했어요. 하지만 독실한 가톨릭 신자들로서 우리는 이런 종류의 미신에 관심을 기울이면 안 되겠죠. 독수리, 공작, 까치, 제비와 같은 새들에 대해 시인들은 수많은 환상적인 글들을 썼어요."

헬레나가 말했다.

"남자들은 여자를 까치에 비유하곤 하죠. 끝없이 재잘거린다고요."

코넬라가 물었다.

"그럼 우리는 남자를 무엇에 비유할 수 있을까요?"

레오노라가 말했다.

"아까 언급되었던 까마귀겠죠. 왜냐하면 남자들을 볼 때마다, 그건 우리에게 불운을 의미하니까요."

루크레티아가 말했다.

"정말로 사랑스런 유일한 새는 공작이에요. 적어도 그 비명을 지르는 듯한 소리만 내지 않는다면요."

코린나가 말했다.

"보통 공작은 날아다니는 피조물 중에 가장 아름답고 가장 허영심이 강하다고 생각하죠. 그 수많은 눈이 달린 깃털의 화려함을 펼쳐 보이는 걸 아주 좋아하니까요. 그리고 나서는 그 못생긴 작은 발을 내려다보곤, 갑자기 창피해져서 커다란 깃털의 바퀴를 접고서 아주 귀에 거슬리는 날카로운 소리를 내질러요. 왜냐하면 멋진 날개를 빼곤 나머지 몸은 자기 희망 사항과는 달리 완벽하지 않다는 걸 깨달아서죠. 이건 우리에게 아주 유용한 교훈을 주는 것 같아요. 우리에게 한 가지 장점이 있다는 이유만으로 그 월계관에 안주하지 말고 완벽함을 향해 부단히 노력하도록 우리를 고무한다는 거죠."

루크레티아가 말했다.

"내가 볼 때 정말 놀라운 새는 백조예요. 백조는 죽을 때 노래를 한다고 들었어요."

코린나가 말했다. "네, 그래요. 백조는 자기 죽음을 예견해요. 나이를 먹으면서 세 개의 깃털이 뇌 속으로 들어가는데, 그로 인해 죽게 돼요. 정말 이런 새들의 행동은 희귀하면서 사랑스럽죠. 인간은 보다 이성적인 방식으로 자신의 죽음을 알아차리는 지적인 능력을 갖고 있기 때문에, 그들의 본능은 인간이 배울 만한 특징이죠."

헬레나가 말했다.

"그럼 불사조는요? 우리가 책에서 읽은 게 사실일까요? 세상에 단 한 마리만 존재하고 죽은 후에는 부활한다고 하죠?"

코린나가 답했다.

"그래요, 그건 사실일 거예요. 정말 놀랄 정도로 기이한 현상이지만요. 하지만 지구 이쪽 편에 살고 있는 우리에게는 평생 봐 왔기 때문에 지극히 정상적으로 느껴지는 것들이, 지구 저쪽 편 사람들에게는 불가능하고 굉장한 것으로 느껴질 수도 있지 않겠어요?"

코넬리아가 말했다.

"정말 맞는 말이에요. 그건 그렇고 불사조는 뭘 먹고 사나요? 불사조는 독수리처럼 맹금이 아니잖아요. 그렇다고 곡식을 먹지도 않는 것 같아요. 그랬다면 밭에서 목격되었을 테니까요."

코린나가 말했다.

"제가 알기로는 천상의 만나와 단내 나는 빛나는 동양에서 발견된 행복한 식물들이 내뿜는 향기를 저녁밥으로 먹는다고 해요."

버지니아가 말했다.

"제가 좋아하는 새는 오색방울새, 되새, 홍방울새와 같은 우리가 새장에서 키우는 작은 명금들이에요. 그 중에 최고는 아주 감미롭게 노래하는 나이팅게일과, 감탄할 만한 앵무과의 검은새들이죠."

레오노라가 말했다.

"제가 시골에 가면 즐기는 유일한 취미는 당신이 말한 바로 그 작은 새들을 사냥하는 거예요. 그래서 기를 쓰고 새벽녘부터 잠자리에서 일어나죠.

헬레나가 물었다.

"오, 버지니아, 당신 삼촌과 함께 참새 사냥을 갔던 때 기억나요? 정말 재미있었잖아요!"

버지니아가 말했다.

"그걸 어떻게 잊겠어요? 사실 이번 가을이 너무 기다려져요. 그 시골의 추격전을 다시 한 번 즐길 날들을요. 이젠 당신과 함께 갈 수 없으니 전과는 다르겠지만요."

레오노라가 말했다.

"내가 남자였다면 정말로 하고 싶은 게, 매와 함께 준마를 타고 나가 멋진 자고새와 메추라기를 가방에 담아 가지고 오는 거예요."

헬레나가 말했다.

"오, 왜 이래요! 그게 남자의 도움 없이 가능할 것 같아요? 실상 우리는 남자 없이 그런 것들을 즐기지도 못할 거예요."

코넬리아가 말했다.

"오, 말 잘했어요! 남자들이 잘하는 거라곤 오직 올가미를 놓고 속임수를 써서 표적을 그 올가미에 걸려들게 만드는 거니까요. 사실 그건 그들의 특기잖아요. 여자들은 혼자서는 그걸 어떻게 해야 할지 잘 알 수가 없는 것들이죠. 그러니까 이런 사냥에 관한 한 우리는 그쪽으로 숙련된 전문가인 남자들한테 배울 필요가 있고, 도움도 구할 필요가 있겠죠."

그 후로 샘과 강과 도시들에 관한 토론에 이어, 물질의 근원인 4요소인 물·불·공기·흙에 대한 얘기가 이어졌다. 코넬리아가 말했다.

"다른 요소들에 비해 제한된 장소에 존재하는 흙이 그토록 많은 동물들을 생성케 하고, 그토록 많은 식물들을 생산해 내고, 그토록 많은 물질들을 함유하고 있다는 건 정말 놀라운 일이에요."

코린나가 말했다.

"정말 그래요. 이 땅 위에서 살고 사육되는 동물들의 종류를 살펴본다면 그렇게 많은 종이 산다는 게 기적처럼 느껴지죠. 그 중 극히 작은 일부분만을 묘사하는 것조차 불가능할 테니까요."

코넬리아가 말했다.

"정말 믿기 어려운 일이죠. 틀림없이 야생 동물 수는 집에서 기르는 동물 수보다 훨씬 많겠죠?"

코린나가 말했다.

"의심할 여지가 없죠."

레오노라가 말했다.

"확신은 금물이에요. 여러분이 생각하는 것보다 더 많은 짐승들이 집에 있어요. 단지 그들이 짐승으로 인식되지 않았을 뿐이죠."

퀸이 말했다.

"오, 제발 조용히 좀."

레오노라가 말했다.

"아, 부인! 얼마나 많은 사자들이, 얼마나 많은 호랑이들이, 얼마나 많은 곰들이 있나요? 우리는 단지 그것들을 총합에 포함시키는 걸 잊었어요. 심지어 그보다 더 많은 무섭고 흉포한 피조물들도 있잖아요?"

퀸이 말했다.

"그쯤 해두죠! 당신이 지금 무슨 얘기를 하는지는 나도 다 이해하고 있다고요. 남자들이 당신과 함께 있을 때, 그들이 참 딱한 처지가 되겠어요."

이때 헬레나가 끼어들었다.

"어디선가 들었는데, 사자는 그 사나운 기세가 무색하게, 어린 수탉의 소리를 무서워한대요. 이게 사실일까요?"

코린나가 대답했다.

"박물학자들이 그렇게 말했어요. 사자는 또 불을 보면 무서워해요. 하지만 아무리 그래도 사자는 힘과 용기 때문에 동물의 왕으로 불리잖아요. 코끼리처럼 덩치가 더 큰 동물이나 호랑이처럼 더 잔인한 동물이나 멧돼지와 같은 흉포한 짐승들을 다 제치고요."

루크레티아가 물었다.

"호랑이와 표범이 같은 동물인가요?"

코린나가 말했다.

"아니에요, 부인. 하지만 둘은 가죽과 포악함과 굉장히 빠른 발이 매우 많이 닮았죠."

루크레티아가 말했다.

"이 대화가 너무 즐겁군요. 남자들의 결함들을 하나하나 끄집어 내는 일을 그만두는 게 이토록 행복할 줄이야. 다들 그렇지 않아요? 나는 코린나의 얘기를 더 듣고 새로운 걸 배우는 게 낫겠어요. 이미 우리가 너무 잘 알고 있는 식상한 남자들의 결점 따위에 대해 얘기하는 것보다는요."

코린나가 말했다.

"글쎄요. 여자들은 남자들의 결점을 잘 인식하지 못하는 것 같아요. 반드시 그럴 필요가 있는데 말이죠. 그걸 잘 인식하고 있다면 남자로부터 스스로를 보호하는 방법을 더 잘 터득할 수 있겠죠. 사실 비이성적인 동물들의 속성을 이해하는 게 우리로서는 더 쉬워요. 인간으로서 본질은 같지만 인품과 욕망이 전혀 다른 저 거짓된 피조물들을 이해하는 것보다는요."

헬레나가 말했다.

"제가 오랫동안 알고 싶었던 건, 늑대와 어린 양, 사자와 양, 여우와 닭, 고양이와 쥐, 그리고 물과 공기만큼이나 다른 동물들 사이에 존재하는 숨은 적대감의 본질이었어요. 동물들 사이에 한쪽은 쫓고, 다른 쪽은 도망칠 수밖에 없는 이런 거대한 불화가 생기는 원인은 뭘까요?"

코린나가 대답했다.

"더 강한 짐승 쪽에서 갖는 적대감 때문은 아니에요. 그건 단지 다른 동물들을 잡아먹어야만 하는 자연적 본능에 의한 거예요. 어떤 증오심을 품어서 그걸 먹잇감으로 삼고 해치우는 게 아니라, 그건 그냥 자연이 다른 쪽에게 제공하는 먹잇감일 뿐이에요. 반면에 양과 같이 상대적으로 약한 짐승들은 사자를 증오하기 때문에 도망치는 게 아니라, 그보다는 본능적으로 그 동물이 자기를 먹잇감으로 잡아먹으려는 목적을 갖고 쫓아온다는 사실을 알기 때문에 그걸 두려워하는 거예요."

레오노라가 말했다.

"여자도 자신들의 추격자와 죽음으로부터 도망치는 이런 직관과 본능을 갖고 있기만 하다면, 그렇게 많은 여자들이 목숨을 잃고 고통받는 것을 보지는 않을 텐데요. 하지만 사람을 잘 믿는 이 불쌍한 피조물들은 포식자의 손에 스스로를 떠넘기죠. 그리고 일단 그들의 손아귀에 잡히게 되면 후회하기에는 이미 늦은 거고요."

버지니아는 말했다.

"당신은 아직도 그 단검을 남자들에게서 거두지 않았군요."

그녀는 자신도 모르게 소리내어 웃으면서 말을 이었다.

"하지만 그들을 조금이라도 개선시키기 위한 치료책을 마련할 수 있지 않을까요? 만일 맛이 간 포도주가 있다면 거기에 좋은 와인을 섞어 놓으면 맛이 조금 나아지겠죠? 만일 낡은 옛날 옷이 있다면 수선해서 새 것처럼 만들 수도 있고요. 맛없는 음식도 버터와 향신료를 가미해서 좀 더 맛을 낼 수 있잖아요."

레오노라가 말했다.

"오, 내 자매여. 나는 이 썩은 남자들의 맛을 위장시키기 위해 무엇부터 시작해야 할지 모르겠군요. 그들은 뿌리 깊이 자리잡은 오래된 나무와도 같아서 변화시킬 수가 없어요."

코린나가 말했다.

"나무조차 접붙이기를 해서 성질을 변화시킬 수가 있는데, 남자는 확신이 안 서는군요. 그들은 전혀 자기 방식을 바꾸지 않으니까요. 더 악화되는 길 외에는요."

코넬리아가 말했다.

"남자들을 개선시키고 그들이 가진 나쁜 성향에서 좋은 걸 이끌어 내기 위해서는 더한 기적이 필요할 거예요. 마치 나무에서 새가 태어나는 것처럼 가장 기이한 자연의 이상 현상보다 더한 기적이."

코린나가 말했다.

"그건 완벽한 사실이에요. 남자들을 개선시키는 일이 불가능하다고 해도, 나무에서 새가 태어나는 일은 실제로 일어난

다고 들었어요. 실제로 네덜란드 너머 어떤 땅에서는 과일 대신에 오리와 같은 새들이 자라는 기적의 식물이 있다고 해요."

퀸이 말했다.

"내 귀를 믿을 수가 없군요. 그건 정말 믿기 힘든 자연 현상이에요. 황금 사과가 자라는 히스페리데스[14]의 나무 얘기도 있는데, 어쩌면 그 말도 사실일 수 있겠네요."

코린나가 말했다.

"아니에요, 부인. 히스페리데스의 황금 사과밭 이야기는 단지 전설일 뿐이에요."

루크레티아가 말했다.

"발삼을 채취하는 관목은 어떻고요. 그건 만들어진 이야기가 아니죠?"

코린나가 말했다.

"그건 엄연한 사실이에요. 그건 풍요로운 아라비아(Arabia Felix)[15]에서 발견되었어요. 거기에서 그들은 천상의 이슬이라고 불리는 만나도 채취했어요. 계피, 알로에, 감송, 생강, 육두구와 같은 온갖 종류의 방향성 식물들과, 다소 매운 맛이 제각

---

14. (그리스 신화) 황금 사과밭을 지킨 네 자매의 요정

15. 고대 아라비아를 나눈 3구분 중 하나. 아라비아 반도 남부를 가리키며, 아라비아에서 가장 번영했던 지역

기 다른 비율로 들어간 향신료들이 그곳 같은 땅에서 자라요. 이것들은 전 세계에 걸쳐 수많은 용도로 사용되고 있죠."

퀸이 이 대목에서 끼어들었다.

"우리의 필요를 채우기 위해 신의 섭리가 얼마나 다양한 방식으로 작동하는지 보세요! 신은 이러한 힘을 식물 안에 심어 놓고 인간의 병을 치료할 생각까지 하셨어요. 정말 감사해야 할 일이죠!"

레오노라가 말했다.

"이런 이야기가 입증하는 또 하나의 사실은, 남자들이 얼마나 우리에게 감사함을 빚지고 있는지, 그리고 얼마나 우리에게 몹쓸 짓을 했는지에 대한 거예요. 모든 게 우리와 그들을 위해 창조되었고, 또 실제로 남자들은 이 삶에서 분명히 여자를 돕기 위해 창조됐지만, 그들은 자신들의 일에 있어 한낱 나무들이나 비이성적인 짐승들보다도 못해요. 나무나 짐승들은 자기 일에서 실패하는 법이 없죠."

루크레티아가 말했다.

"어디 남자들의 병을 고칠 수 있는 식물이나 약초 같은 게 있나 생각해 봅시다. 그것들 안에 그런 오묘한 힘이 있다니까 말이에요."

코넬리아가 말했다.

"발삼이 모든 질환에 효과가 있다고 들었어요."

코린나가 말했다.

"아라비아에 나는 관목에서 작은 상아 칼을 사용해 추출하는 진짜 발삼은 우리 몸 전체에 대단히 좋은 신성한 액체예요. 발삼으로 만든 연고제는 얼굴을 산뜻하고 젊게 유지시켜 주고, 죽은 사람 몸에 바르면 부패하고 썩는 걸 방지하는 방부제처럼 작용해요. 대체로 모든 것에 이상적인 치료약이라고 할 수 있죠. 단 여러분들이 얘기하는 그 한 존재만 빼고요."

코넬리아가 말했다.

"대황이 열을 내리는 데 아주 좋다고 들었어요."

코린나가 대답했다.

"그건 삼일열에 좋아요. 담즙에 작용하니까요. 효과를 보기 위해서는 아주 속이 꽉 차고 묵직한 종류를 쓰는 게 좋아요. 인도에서 온 뿌리과 식물인데, 그걸 부러뜨리면 안에 분리된 잎맥이 있어요. 한쪽은 붉고 다른 쪽은 하얗죠. 씹으면 색이 흐려지면서 쓴맛이 나요. 센나처럼 맵고 단 맛이 없어요. 우리가 요리에 사용하는 대황 종류와 매우 비슷해요."

루크레티아가 말했다.

"센나가 우울증에 좋다고 하지 않나요?"

코린나가 대답했다.

"네, 우울증과 간 기능 장애에 좋아요. 또 콜로신스와 섞어 먹으면 사일열에도 효과가 있어요. 콜로신스는 비장이 굳는 것을 방지하죠. 골고사리 액이 섞인, 식물의 골수라고 할 수 있어요. 또 그건 식초와 달여서 치통약이나 벌레 방지용 습포제로 쓸 수 있어요. 하지만 독이 있기 때문에 그거 하나만 섭취하면 안 돼요."

레오노라가 말했다.

"그거 꼭 남자를 닮았네요. 혼자 있을 때는 유해한 존재이기 때문에, 여성이라는 해독제가 항상 옆에 있어야 하잖아요."

코린나가 덧붙였다.

"육두구는 후추, 생강, 계피, 카다몬, 카네이션 씨앗 등의 양념들처럼, 임신에 아주 좋고, 약한 위의 소화를 돕는 데 효과적이에요. 그것들은 창백한 피부를 가진 사람들에게는 아주 좋지만, 다혈질이나 혈기왕성한 사람들은 반드시 적당량만 섭취해야 해요. 타마린드는 화를 몰아내고 피를 맑게 정화시켜요. 스카모니아 또한 정맥에서 담즙을 뽑아 내는 걸 돕고, 백단유와 섞으면 강장제가 되는 거죠."

레오노라가 소리쳤다.

"오, 세상에! 당신은 내가 궁금해하던 약에 대해 거의 다 알고 있네요. 문제가 있는 혈액과 담즙에 대한 치료책이라면 전부 꿰뚫고 있는 것 같은데, 남자들의 혈액과 위의 문제는 어떻게 손을 쓸 수가 없을 거예요. 왜냐하면 그들의 심장과 마음은 이미 죽을병에 걸려 있으니까요. 하지만 적어도 이 병든 동반자들을 견뎌 내는 우리의 순진함과 동정심과 사랑에 대한 치료책을 발견할 수만 있다면 얼마나 좋을까요!"

코린나가 말했다.

"그건 갈레노스라도 발견할 수 없을 치료책이죠. 그 문제에 관해서는 어떤 권위자도 해결책을 찾아낼 수 없을 거예요. 만일 찾았다 해도 그런 증거를 남기지 않았겠죠. 결국 그런 것들은 그들의 관심사가 아닐 테니까요. 늑대는 늑대를 잡아먹지 않는 법이죠. 남자들은 그들이 가진 빵의 어떤 면에 버터가 발라져 있는지 너무도 잘 알고 있거든요. 만일 우리가 그들을 더 이상 사랑하기를 멈춘다면, 그제야 그들은 상태가 나아질지도 모르죠."

루크레티아가 말했다.

"하지만 책들을 좀 찾아보면, 사랑에 관한 갖가지 치료책들에 대해 나와 있어요. 가령, 갓 죽인 양의 가죽이나, 노새가 일으킨 먼지 같은 거요. 그리고 연인으로 하여금 그가 사랑하는 사람의 피를 마시게 하는 등 끝도 없는 이야기들이 있죠. 하지만 다 헛소리예요. 사랑이 정말로 누군가의 가슴에 자리잡으면, 죽음 외에는 그걸 치료하고 막을 방법이 없어요."

코린나가 말했다.

"그런 주제가 나와서 말인데, 제가 언젠가 읽은 책에서 남자가 하이에나의 창자를 몸의 왼편에 들고 다니면, 신기하게도 그 남자를 본 어떤 여자라도 사랑에 불타오르게 된다고 해요. 이제 그런 말도 안 되는 얘기들은 그만두기로 해요. 다년생초(Goat's rue)[16]와 석창포(sweet flag)는 둘 다 강장제로 좋고, 감초는 아마씨처럼 흉부 질환에 뛰어난 효과가 있어요. 그걸 버터와 함께 섞어 외피에 문지르거나, 음식에 넣어서 먹을 수도 있어요."

퀸이 말했다.

"그렇군요. 하지만 근본적으로 가슴병과 위장병에는 마므지(malmsey)나 뮈스까(muscat) 같은 단맛이 나는 질 좋은 포도주보다 더 잘 듣는 약은 못 들어봤는데, 여러분은 어떻게 생각하세요?"

여자들은 소리내어 웃으며 말했다.

"맞아요. 어떤 음식 없이도 마므지 한 방울이면 약한 위에 아주 좋아요. 특히 창백한 피부를 지닌 사람들에게요."

---

16. (식물) 유럽 • 서아시아산인 콩과의 다년생초

코린나가 말했다.

"건강한 사람들이 적당히 마셔 주기만 한다면, 평범한 포도주도 훌륭해요. 특히 백포도주와 연한 적포도주가 좋아요. 비록 백포도주는 배에 가스를 유발하긴 하지만요. 진한 적포도주는 소화시키기가 좀 더 어렵죠."

코넬리아가 말했다.

"포도주에 넣고 끓인 허브가 아주 좋다고 들었어요."

코린나가 말했다.

"특히 로즈마리는 종종 포도주에 넣고 함께 끓여요. 로즈마리는 최고 중의 최고예요. 어떤 종류의 질병에도 놀랄 만큼 잘 듣죠."

루크레티아가 말했다.

"석류로 만든 와인은 어때요? 그것도 좋은 점이 있나요?"

코린나가 대답했다.

"네, 그건 열을 내리는 데 좋아요. 산성 과일은 마르멜로(장미과 낙엽수) 열매 효능처럼 피부 수렴제로 많이 쓰이죠. 산성 과일은 거의 안 쓰이는 곳이 없어요. 상처를 낫게 하는 데도 도움을 주고, 마르멜로 오일은 지혈과 구토 치료제로 좋아요."

코넬리아가 말했다.

"저는 신선한 호두를 좋아하는데, 그걸 먹으면 언제나 두통이 오는 것 같아요."

코린나가 말했다.

"호두와 개암은 두통을 유발해요. 소화시키기가 아주 어려운 음식이죠. 하지만 호두는 독소를 빼는 데 좋은 음식이에요. 밤과 비슷하죠. 밤이 더 차가운 성질을 띠지만요."

레오노라가 말했다.

"오, 맙소사! 이제 우리가 밤나무까지 온 거군요! 다음 화제로는 체리 어때요? 이건 마치 양의 숫자를 세는 것처럼 끝이 보이지 않는군요. 당신은 지금 나한테 묘한 장난을 걸어서 내가 이렇게 끼어들도록 부추기는 게 틀림 없어요."

헬레나와 버지니아는 레오노라의 말에 웃음을 터뜨렸다. 퀸이 씩 웃으며 말했다.

"코린나가 좀 더 말하도록 놔둡시다. 나는 올 여름 멜론을 아주 잔뜩 먹어 둬서, 겨울을 대비하는 차원에서 내 몸에 멋진 사일열을 가득 저장해 놓을 참이랍니다. 열은 습하고 차가운 것들이 불러 온다고 들었는데, 맞나요?"

코린나가 대답했다.

"네, 차갑고 습한 것들이죠. 하지만 좋은 품질의 것을 적당히 먹으면, 특별히 해롭진 않아요. 호박, 레몬, 수박, 이런 과일들도 차가운 과일들이죠. 실제로 의사들은 그 과일들을 '차가운 씨앗 과일들'이라고 부르기도 해요."

레오노라가 소리쳤다.

"맙소사, 내 귀가 믿기지 않네요! 난 당신의 분별심이 돌아올 때까지 계속해서 기다렸어요. 오늘 당신이 우리 대화를 이렇게 멀리까지 데려온 것을 보니, 웃음밖에는 나오지 않네요. 우리가 토론할 주제를 생각해야 하는데, 당신은 동물이니, 나무니, 식물이니, 약이니 하는 아주 장황한 얘기를 시작했어요. 지금 이미 오후 세 시가 넘었는데, 우린 아직 시작도 못했다는 거 알고 있어요? 지금까지 얘기한 게 대체 우리랑 무슨 상관이 있는 거죠? 우리가 의사라도 되는 건가요? 물약이나 습포제 같은 얘기는 의사들에게나 맡겨 둬요. 우리가 그것들에 대해 얘기하는 건 정말 우스꽝스러운 짓이라고요."

루크레티아가 말했다.

"그건 아니에요. 오히려 이런 것들에 대해 얘기하는 건 바람직해요. 그래야 남자들의 도움을 필요로 하지 않고도 스스로를 돌볼 수 있죠. 솔직히 이런 의약 분야에 지식을 갖춘 여자들이 있다는 건 좋은 일이에요. 남자들이 이 분야에서 잘난 체하는 꼴을 보지 않아도 되고, 우리도 남자들한테 의지하지 않아도 되고요."

코넬리아가 말했다.

"우리는 지금 별, 공기, 새, 강, 물고기, 모든 종류의 동물들, 식물, 허브에 대한 이야기를 나누었지만, 아직도 남자들을 변화시킬 어떤 힘의 요소도 발견하지 못했어요. 그들이 우리를 존중하게 만들고 마땅히 우리가 받아야 할 사랑을 주도록 만드는 힘이요."

레오노라가 말했다.

"남자가 말만으로 움직여진다면야! 만일 그럴 수만 있다면, 나는 온갖 감정을 표현하면서 대중 연설이라도 하겠어요. 그래서 내가 알고 있는 모든 후한 용어로 그들에게 칭찬 세례를 퍼부을 거예요. 그게 먹히기만 한다면 말이죠."

코린나가 말했다.

"오, 그거 정말 귀에 딱 꽂히는 소리군요! 전지전능한 그 대단한 검열자들 앞에 정말 그렇게 당당히 나설 거란 말이죠? 불평불만과 야유와 조롱, 무시 일색인 그런 존재들 앞에서요? 당신이 구사할 수 있는 가장 논리적인 주장과 변증법적 삼단논법과 수사학적 색채로 온갖 시도를 해봤자, 다 헛수고로 끝날 거예요. 당신은 그럴듯한 개념들을 만들고, 그들에게 멋진 언어의 옷을 입히고, 당신 목소리를 바꾸고, 당신 스타일을 다양하게 만들고, 온갖 비유적 표현을 끌어들여 당신의 주장을 구성하고 법칙을 입증하고 사례들을 상기시킬 테지만, 결국 당신은 시작도 하기 전에 소송에서 패할 거예요. 당신이 머리말을 떼기도 전에 당신의 서사와 결말은 이미 준비되고 계획된 상태라는 것을 나중에 깨닫게 될 거예요."

레오노라가 말했다.

"오, 나는 겁쟁이가 아니에요. 일단 필요하다는 생각이 들면, 그걸 소송에 붙이는 일 따윈 문제 없어요."

코넬리아가 말했다.

"물론 그렇겠죠. 하지만 당신은 너무 불 같은 데가 있어요. 남자들을 이기기 위해서는 철저히 준비하고 노력해야 해요."

헬레나가 말했다.

"레오노라, 당신은 멋진 연설가가 될 거예요! 우리를 남자들이라고 생각하고 원하는 연설을 한번 해봐요. 어서 당신 스타일을 보여 주세요. 어떻게 말할 건가요?"

코린나가 말했다.

"모든 여성을 대변해서 연설하는 거예요. 그럴 때 그들이 우리를 존중하고 사랑하도록 신중하게 설득하는 게 좋을 거예요."

코넬리아가 말했다.

"어서 시작해 봐요. 그들이 명심해야 할 무언가를 전달해 보세요!"

주위로 몰려든 여자들은 웃음을 참느라 애쓰고 있었다.

레오노라는 연설을 시작했다.

"더없이 친애하는 소중한 남자들이여. 당신들의 사랑은 심히 세심하고 따뜻해, 우리 모두의 관심사를 심오하게 다루는 주제에 대하여, 모든 여성을 대변해서 말하는 이 사람에게 귀를 기울일 거라고 믿습니다. 제가 여러분 앞에 내놓는 주제는, 여러분이 앞으로 계속해서 들어야 할 것들이고, 그것에 대한 저의 주장 또한 전혀 의심할 여지가 없는 것이므로, 당신들은 저의 말을 들으면서 이해 관계자가 아닌 가장 공정한 재판장으로서, 마지막에는 우리에게 유리한 형을 언도하리라는 것을 믿어 의심치 않습니다.

제가 얘기하려는 건 이렇습니다. 당신 남자들은 지금까지 당신들의 힘을 이용해 우리 여성을 말과 행동으로 억압하고 학대하는 데 골몰해 있는 철천지원수였습니다. 우리는 전적으로 순수하고, 남자들이 지닌 이러한 적대감을 정당화시켜 줄 어떤 것도 가지고 있지 않습니다. 그러므로 지금 우리는 당신들이 우리가 지닌 순수함의 힘, 장점의 힘, 우리에 대한 당신들의 의무의 힘, 우리가 당신들에게 제공하려고 하는 기도와 헌신의 힘, 우리의 여타 주장들의 힘에 감화를 받아 우리를 긍휼히 봐 주기를 바랍니다. 이후로 우리가 당신들을 향해 품은 위대한 존중과 사랑에 부응하는 동일한 존중심으로 우리를 대해 주길 바랍니다.

우선, 여러분은 여성도 여러분과 동일한 인간의 몸과 소양을 지니고 태어났다는 사실을 충분히 잘 알고 있습니다. 그리고 여자는 이 삶에서 노예가 아닌 동반자로서 여러분에게 주어졌다는 사실, 여성의 겸손하고 이타적인 본성과 남성에 대해 품는 사랑 때문에 여러분을 돕고 따르며, 존경하고 순종하고 인내하고 완벽히 성실하다는 사실, 이렇게 전 생애에 걸쳐 무덤까지 여러분과 함께 동행하며 헌신한다는 사실, 이 모든 것을 잘 알고 있을 겁니다. 그러니 친애하는 남자들이여, 여러분이 우리를 사랑하지 않는 이유는 대체 무엇입니까? 사랑하는 아버지들이여, 남자 자식을 여자 자식보다 더 선호하는, 그럴듯한 이유는 대체 무엇입니까? 우리는 당신의 살과 피가 아닙니까? 어째서 우리의 권리는 당신이 살아 있을 때나 죽을 때나 인정받지 못한단 말입니까? 그리고, 소중한 형제들이여, 어째서 당신들은 여자 자매들에게 그토록 모질게 군단 말입니까? 왜 그들을 돌보지 않는 겁니까? 도대체 어찌하여 개나 고양이나 새와 같은 가축들은 기꺼운 마음으로 구매하고 돌보고 키우면서, 우리들에게는 어찌하여 마지못해 취하는 태도를 보이는 것입니까? 우리도 당신들과 동일한 자궁에서 같은 피와 살을 받고 태어났습니다.

그리고 사랑하는 아들들이여, 어찌하여 그대들은 당신들을 위해 엄청난 고통을 감내하는 어머니에게 그토록 하잘것없는 관심을 보인단 말입니까? 당신들은 우리 자궁에서 나와, 최초의 영양분인 우리의 젖을 먹었습니다. 우리는 당신들을 키우느라, 끝도 없는 노동과 고생을 해 가며 안간힘을 쓰며 살았습니다. 자, 당신들 안에 있는 우리 피의 이름으로, 그리고 당신들을 양육하고 예의를 가르치고 모든 위험으로부터 보호하기 위해, 간단히 말해 지금의 당신을 만들기 위해 기꺼이 견뎌 낸 온갖 노동의 이름으로, 당신들은 약간의 연민과 존중조차 우리에게 보여 줄 수 없는 겁니까? 우리를 경멸하지 마세요. 우리를 버리지 마세요. 당신이 지금 진정한 남자가 되었다면, 그건 우리 여자들 덕분이라는 것을 기억하세요.

그리고 당신들, 사랑하는 남편들이여, 당신들의 아내들을 업신여기지 마십시오. 당신들은 우리와 한 몸이며, 오로지 죽음만이 당신들을 우리로부터 갈라 놓을 수 있다는 사실을 너무도 잘 알고 있습니다. 그런데 어찌하여 당신들은 우리를 버리는 것입니까? 당신들은 왜 그토록 자주 우리의 재산을 박탈하는 것입니까? 우리를 소중히 여기는 게 당신들의 도덕적 의무인데 왜 그것을 유기하는 것입니까? 아아, 우리가 이제껏 보여 준 헌신과 사랑이, 여러분이 스스로를 굽혀 우리와 한 몸과 한 영혼이 되도록 만들게 하는 데 부족했습니까? 그건 당연히 그래야 하는 것입니다. 소중한 친구들이여, 분리될 수 없는 동반자들이여, 우리의 간청을 들어주길 바랍니다. 인간의 영역이든, 신의 영역이든, 이 우주 전체의 법에 의해, 우리가 당신들에게 속해 있듯이 당신들도 우리에게 속해 있기 때문입니다. 착하고 다정한 동반자가 되어 주세요. 우리에게 어떤 모범적 사례를 보여 주세요. 당신들이 우리를 사랑하면, 우리도 당신들을 사랑할 겁니다. 당신이 아내를 생각해서 우리에게 존중과 관심을 보여 준다면, 우리도 남편을 생각해서 당신들에게 똑같은 것을 보여 줄 것입니다. 우리는 심지어 당신들을 우리의 주인님으로 여길 것입니다. 의무가 아닌 사랑에 의해서 말입니다.

우리는 당신들이 다른 편인 걸 알면서도 이 주제의 재판장으로 위임했습니다. 우리는 우리 스스로를 전적으로 당신들의 결정에 맡겼습니다. 이제 우리는 당신들에게 간청하고 애원합니다. 정의에 귀 기울여 달라고, 당신들 스스로에게 형을 선고하라고 말입니다. 사실은 비록 이 판결이 당신들에게 유리하도록 결정되겠지만 말입니다. 어서 선고를 내리세요. 당신들은 매일 새로운 날을 맞이하며 더 행복해질 겁니다. 우리의 부탁을 들어주세요. 그러면 더 이상 우리 쪽에서 발생할 어떤 분노도 잠재우게 될 겁니다. 그렇게 우리는 신께서 주신 이 짧은 인생을 서로를 사랑하면서, 평화와 자비와 사랑 속에서 함께 살아갈 수 있습니다."

여자들은 레오노라의 연설에 흡족해했고, 한참 동안 유쾌한 웃음을 주고 받았다.

퀸이 말했다.

"레오노라, 당신은 우리 여자들을 대변해서 훌륭한 연설을 해주었어요. 우리는 어쨌든 모두 당신 편이니까요. 하지만 당신이 남자들을 얼마나 성공적으로 설득시켰는지는 확신이 안 서네요!"

레오노라가 대답했다.

"남자들이 조금이라도 그들의 조상을 닮았다면, 저는 그들에게 한 편의 멋진 서문을 들려줬을 거예요. 만일 토착어가 유효하지 않았다면, 라틴어를 사용했을 거예요. 하지만 그만한 노력의 가치가 있는지는 모르겠어요. 그들은 내가 진실을 얘기하고 있다는 걸 알면서도 내 말을 들으려고 하지 않을 테니까."

코린나가 말했다.

"게다가, 당신이 구사하는 라틴어 문법은 그들이 사용하는 것과 같지 않아요. 남자들의 라틴어는 격의 일치가 틀리게 나타나죠. 그들의 관계사는 선행사와 일치하지 않아요. 만약 어제 그들이 당신을 향해 미소짓고 호의적인 말을 했다면, 당신은 오늘 그들이 과거와 일관되지 않으며, 그들 스스로를 적으로 드러내리란 사실을 확신할 수 있어요. 그들은 첫번째 동사의 수동형을 가지고 있어요. 능동형이 아니라고요. 능동형은 여자에게만 있죠. 왜냐하면 우리는 사랑하고 그들은 사랑을 받으니까요. 성별 중, 그들은 남성형과 부정관사를 가지고 있죠. 소송에서 직접 목적격은 그들의 것이에요. 왜냐하면 그들은 늘 우리를 어떤 것으로든 고발하니까요. 수여동사도 그들 것이죠. 그들은 때때로 우리를 호되게 때리니까요. 탈격도 그들의 소유물이죠. 왜냐하면 그들의 가진 습관 중 하나가 우리로부터 뭔가를 계속 앗아가니까요. 그들 자신처럼, 우리가 가진 모든 것을요. 반면에 우리는 주격을 가지고 있죠. 언제나 그들의 이름을 숭배를 담아 부르니까요. 또 우리는 소유격을 갖고 있어요. 우리는 전부 그들의 것이니까요. 호격도 우리의 것이에요. 늘 그들을 사랑을 담아 부르니까요."

퀸이 말했다.

"당신이 그런 식으로 계속 나오면 남자들은 당신을 이해하지 못할 거예요. 그건 그렇고 우리가 항상 남자들에 대해 이런 식으로 험담을 하면서 어떻게 그들이 우리를 사랑하기를 기대한단 말이죠?"

헬레나가 말했다.

"한동안 우리가 그냥 조용히 침묵을 지키고 있으면 되지 않을까요. 그러면 그들도 태도를 바꾸겠죠."

레오노라가 대답했다.

"우리는 이미 과거에 너무 많이 닥치고 살았어요. 더 많이 닥칠수록, 더 고약한 것만 얻게 됐어요. 만약에 자기 돈을 누군가에게 주었다가 환수하려고 들 때, 그 사람이 돈을 돌려줄 생각이 없을 뿐더러 더구나 돈을 돌려받아야 할 당사자가 입 닥치고 있다면, 부도덕한 빚쟁이가 그 사람에게 만족감 따위를 줄 리는 만무하죠. 하지만 그가 재판관 앞에서 호소한다면, 정당한 권리로 그의 것을 되찾게 될 거예요."

코넬리아가 말했다.

"하지만 채무자가 재판관이라면, 그때는 원고측에게 유리한 선고를 내릴 것 같진 않군요."

코린나가 말했다.

"음, 그런 경우라면 그는 불공정하고 흉악한 재판장이겠죠. 진실한 재판관이라면 감정에 좌우되지 않고, 자기 자신의 이해관계에 따라서도 흔들리지 않을 테니까요."

루크레티아가 말했다.

“모든 왕국과 공화국은 법을 만들고, 재판관은 그 법에 따라 국민이 잘 살도록 만들어야 한다고 믿어요. 사법제도가 우리가 사는 이 명예로운 도시만큼 더 잘 운영되고 있는 곳은 어디에도 없죠. 믿고 따를 만한 법은 지구상의 그 어느 곳에서도 수용하고 적용할 만한 가치가 있어요. 고대의 많은 국가들이 채택했던, 가장 지혜로운 도시 아테네의 법처럼 말이죠. 재판관 자리에 앉아 있는 우리 상원의원들로 말하자면, 말이라는 도구로는 그들이 지닌 지혜와 정의와 연민을 다 표현할 수가 없어요.”

퀸이 말했다.

“오, 완전 맞아요! 그럼, 이제 귀족적인 베네치아의 비상한 선량함과 정중함에 대해 누가 얘기를 해볼까요? 이 도시는 우리의 지배 계급을 한 치의 부끄럼 없이 자랑스러워 할 만해요. 충직하고 헌신적인 국민들 못지않죠.”

코린나가 말했다.

“이 주제에 대해서라면, 우리들의 한없이 평온한 왕자, 총독(Doge)[17]의 신성한 장점에 대해 말하는 게 어떨까요?”

---

17. 베네치아 공화국 시절 최고 권력자(총독)

퀸이 소리쳤다.

"오! 그건 어디서부터 시작해야 할지 도저히 모르겠네요!"

버지니아가 덧붙였다.

"아, 그게 얼마나 멋진 광경이었는지 몰라요. 어떤 행사 때문에 우리 총독께서 외국 대사들과, 근사한 위엄을 풍기는 의원들과, 아주 고상한 분위기의 장관들과 함께 화려한 풍경을 자아내며 지나가는 모습을 본 적이 있거든요."

코린나가 말했다.

"맞아요. 누구라도 우리 나라의 귀중한 보석들과 가장 큰 보물들이 눈앞에서 지나가고 있다고 느꼈을 거예요. 이들은 베네치아를 통치하고 보존하며, 신을 받들어 이 나라의 필요를 제공할 책임이 있는 사람들이죠."

루크레티아가 말했다.

"이 도시는 예로부터 가장 지혜롭게 통치되는 행운을 지녔어요. 가령, 총독과 같은 훌륭한 인물과는 별도로, 무적의 집단인 뛰어난 치안 판사들이 있죠. 그들은 자신들이 책임져야 하는 사람들을 지칠 줄 모르는 용의주도한 양심을 가지고 돌보는 사람들이죠."

레오노라가 말했다.

"하느님 맙소사! 지금 내가 무슨 소리들을 듣고 있는지 모르겠군요! 정말 여러분한테 절망했어요! 어떻게 저를 이렇게 실망시킬 수가 있죠? 논점에서 벗어난 얘기들을 하면서 하루를 탕진할 생각들이세요? 치안 판사니, 법정이니, 하는 이 모든 얘기들이 대체 우리 여자들과 무슨 관련이 있어요? 이런 공식 행사들은 남자들이 주관하는, 우리의 이해관계를 벗어난 얘기 아닌가요? 그들은 우리가 그들한테 고마워하든 안 하든 우리한테 어쨌든 이의 제기를 해오는 존재들 아니냐고요? 그들은 우리와는 상관없이 오로지 자신들의 이익에 따라서 움직이지 않나요? 우리를 외계인처럼 취급하고 우리 재산을 빼앗지 않냐고요?"

코넬리아가 말했다.

"애석하게도, 그건 완벽한 사실이에요."

한 차례 군사에 대한 이야기가 지나간 후, 퀸이 말했다.

"영웅들의 삶을 존경하고 그들의 명예를 기리는 건 옳은 일이에요. 그래야 사람들도 나라를 위해 개인의 삶을 내려놓을 생각을 하게 되죠. 하지만 우리 시대에 총과 대포는 용감한 기사들에게는 파멸과 다름없죠. 총과 대포는 기사들로 하여금 자신들의 용맹을 한껏 드러내는 것을 막으니까요. 아무리 강한 군대도 총과 대포에는 저항할 수가 없어요."

코넬리아가 말했다.

“적어도 과거에 그들은 그런 것에 대해 걱정할 필요 없이 싸웠어요. 왜 책에 나오잖아요. 심장의 용기와 두 팔의 힘만으로 자신들의 승리를 거머쥔 그 멋진 기사들이요!”

레오노라가 말했다.

“우리가 그 시대로 돌아갈 수만 있다면 얼마나 좋을까요! 여자들이 옛 여전사처럼 무장하고 남자들과 싸우기 위해 전장으로 돌진하는 모습을 보고 싶어요. 어쨌든 일반적으로 세상에는 남자보다 더 많은 여자들이 있다잖아요. 여성의 우세한 숫자는 육체적 나약함의 불리함을 보상해 주는 셈이죠. 육체적 나약함은 사실 우리가 군사 훈련을 받지 않았기 때문이에요.”

퀸이 말했다.

“음. 근데 나는 당신의 군사 작전에 합류하지 않을 거란 사실을 미리 말해 둬야겠군요. 왜냐하면 나는 평화를 사랑하는 영혼이거든요.”

코린나가 말했다.

“전쟁터에 나간다는 건 우리의 품위를 떨어뜨리는 행동이에요. 우리보다 열등하게 타고난 자들과 전쟁을 벌인다는 게 말이에요. 그 밖의 것에 대해서는, 승리는 당연히 우리의 것이죠. 비록 우리가 육체적으로는 약할지라도, 정의가 우리 편인 이상 말이에요."

루크레티아가 말했다.

"정말 그래요. 하지만 말해 봐요, 내 친구 레오노라, 어떤 상징을 전쟁터에 가져갈 건가요?"

레오노라가 대답했다.

"저는 헬멧에 불사조의 이미지를 두르겠어요."

헬레나가 말했다.

"스스로를 상징하는 이미지로 불사조를 두르고 전장에 나간 위대한 마피사(루도비코 아리오스토[18]의 기사도 로맨스 『광란의 오를란도』(1516년 이탈리아의 시)에 나오는 여자 기사)를 모방하고 싶어 하는군요. 그 우아한 시인이 마피사의 선택에 관해 어떻게 말했는지 잘 알고 있겠네요. '그녀의 용맹스러움이 세상에서 유일하다는 것을 나타내고자 하는 자부심 때문이든, 아니면 이 세상에서 배우자 없이 영원히 살아가겠다는 순수한 결단을 자랑하고 싶은 마음에서든' 말이지요."

버지니아가 말했다.

"그럼 어떤 색깔을 입겠어요? 어떤 상징 색을 선택할 거죠?"

---

18. 1474년~1533년, 르네상스기를 대표하는 이탈리아의 시인. 시작(詩作)과 외교 활동에서 기반을 굳히고, 한평생 에스테 후작 집안에서 일하면서 『광란의 오를란도』를 남김

레오노라가 대답했다.

“초보 기사의 하얀 갑옷과 하얀 겉옷을 입을 거예요. 방패에는 자유를 상징하는 금장 요크를 길게 새기겠어요.”

코넬리아가 말했다.

“빛나는 흰색은 우리의 단순함과 순수성을 상징하는 것 같아요. 하지만 제가 생각할 땐 녹색이 더 좋을 것 같은데요. 그건 승리의 희망을 가져다 주잖아요.”

레오노라가 말했다.

“그것도 좋아요. 우리가 정말 그런 위치에 있기만 한다면야 여러분이 선호하는 색이 무엇이든 저는 아주 기쁘게 따를 용의가 있답니다.”

코린나가 말했다.

“제가 볼 땐 노란색을 섞은 녹색이 우리의 위상을 보다 정확하고 적절하게 표현한 색이에요. 남자들의 배려를 얻어 내는 데 우리에게 주어진 기회가 얼마나 희박한지를 전달해 주니까요. 우리를 향한 그들의 감정은 너무나 완강하고 삐딱해서 설령 우리가 힘으로 그들을 정복하는 데 성공한다고 해도, 사랑으로는 도저히 그들을 설득할 수가 없어요.”

루크레티아가 말했다.

“차라리 복수를 뜻하는 주홍색 옷을 입는 편이 낫겠어요.

구름 뒤의 태양을 나타내는 상징과 함께요. 구름에서 막 벗어나려는 찰나를요."

헬레나가 말했다.

"아니, 아니에요. 복수심은 넓은 도량에는 들어설 자리가 없어요. 우리가 이제껏 말한 여자의 마음이 그런 게 아니었나요? 암적색을 입는 게 좋을 거예요. 우리가 원하는 승리를 기대한다기보다는, 남자들을 설득해서 완전히 우리 편으로 만들자는 생각에서요."

버지니아가 말했다.

"새하얀 비둘기들로 장식된 검정색 무기를 착용하는 것도 부적절한 것 같지는 않아요. 확고한 의지를 보여 주는 거죠. 그것으로 우리는 남자들을 사랑하는 것이고, 그 사랑의 순수함과 성실함으로 그들을 견디고 있다는 것을 시사하는 거죠."

퀸이 말했다.

"이 다양한 상징들과 색깔들은 말을 사용하지 않는 언어 같군요. 그것을 이용해서 사람들은 기분 좋은 방식으로 자신들의 깊은 속마음을 드러내 보일 수 있겠어요."

레오노라가 말했다.

"말을 사용하지 않고도 소통할 수 있는 많은 언어들이 있는 셈이죠. 그 중에 한숨의 언어는 가장 효과 있는 웅변이라고 생각해요."

코넬리아가 말했다.

"누가 뭐래도 제 생각에 가장 설득력 있는 언어는 바로 눈이 말하는 언어예요. 외부에 드러난 시선으로 마음 속에 감춰 둔 내밀한 비밀을 드러내 보이죠."

코린나가 말했다.

"그건 진실을 말할 때는 맞는 얘기지만, 눈은 마음과는 다른 감정을 내보이기도 해요. 속이는 거죠. 반면에 한숨은 거짓말을 못해요. 비록 가식적으로 한숨을 지어 낼 수도 있지만, 그건 아주 눈치채기가 쉽죠."

레오노라가 말했다.

"쳇! 남자라는 존재는 온통 거짓투성이군요. 시선, 한숨, 색깔, 말, 행동 다요. 그들의 영혼에는 진실이 한 오라기도 없는 것 같군요. 사람을 진심으로 대하는지도 알 수 없고요. 여자를 상대로 어떤 중죄를 저지를 때를 빼면 말이에요."

코린나가 말했다.

"전적으로 맞는 말이에요. 하지만 당신이 또다시 남자들한테 속아 넘어가게 될지는 장담할 수 없을 듯싶군요."

레오노라가 말했다.

"결코 그런 일은 일어나지 않겠지만, 남자들의 책략으로부터 여러분들 모두 안전하기를 바라는 이상, 안심할 수는 없어요. 색깔에 대한 화제를 이어가자면 얼마나 많은 남자들이 연인 행세를 하기 위해 분홍색이나 초록색 옷을 입고 다니나요? 칙칙한 회색이나 검정색이 더 어울릴 텐데 말이죠. 그들 마음속에 도사리는 발군의 속임수와 사기 근성이란!"

퀸이 말했다.

"우리 도시에서는 남자가 일정 나이가 지나면 다른 곳과는 다르게 색깔 있는 옷을 피하고 늘 검정색 옷을 입어요. 여자들도 집 밖에서는 색깔 있는 옷을 입은 걸 자주 보지 못하죠. 결혼하기 전만 해도 그렇지 않았는데 말이에요."

코넬리아가 말했다.

"한 가지 확실한 건, 베네치아 여자들은 다른 곳의 여자들보다 더 매력적인 매너를 갖고 있다는 거예요. 우리가 입는 옷에는 뭔가 여성스런 분위기가 물씬 풍기는 것 같지 않아요? 우아하고 섬세해서 여성들에게 안성맞춤인 옷들이죠. 반면에 베네치아 밖에서 오는 여자들은 좀 남자 같아 보이는 구석이 있어요."

헬레나가 말했다.

"무엇보다, 베네치아 여성들이 머리를 블론드로 염색하는 이곳만의 패션은 여성스럽고 세련되고 심지어 고귀한 분위기까지 만들어 내죠. 사실, 여자 머리가 블론드일 때 보통 아름다운 외모를 지녔다고 생각하니까요."

코넬리아가 소리쳤다.

"오! 남자들이 지금 우리 얘기를 엿듣는다면, 얼마나 비웃을까! 그들이 늘 해 왔던 말이, 여자는 관심 있는 게 딱 하나밖에 없다고, 예쁘게 보이려고 허구한 날 몸치장을 하는 것밖에는 모른다고요."

코린나가 말했다.

"오, 그냥 그들 마음대로 판단하라고 하세요! 어쨌든 그건 모욕이 될 수 없어요. 여성의 외모가 그들보다 섬세하고 깔끔하다는 건 우리 영혼의 고결함을 나타내는 징표니까요."

퀸이 말했다.

"말은 그럴 듯하지만, 남자들이 늘 트집잡는 여자들의 곱슬곱슬한 머리와 그 뿔 장식은 어떤가요? 그들에게 뭐라 말할 건가요? 나 같으면 유난히 패션에 관심이 많아서 그렇다고는 말하지 못할 것 같은데."

코린나가 말했다.

"저 같으면, 그런 스타일 또한 눈감아 줘야 하는 게 아니라, 수용되고 칭찬받아야 마땅하다고 말하겠어요. 다른 여성스런 장식품들처럼 말이죠. 이건 그냥 패션이자 습관이자 취미에 불과한 거예요. 센스 있게 잘 사용하면, 우리 얼굴을 훨씬 더 매력적으로 보이게 만드는. 하지만 도대체 우리 머리를 어느 쪽으로 손질하든 그게 남자들이랑 무슨 상관이죠? 아름답게 보이기 위해 우리가 원하는 식으로 머리를 장식하는 게 그들과 무슨 관계가 있냐고요? 어차피 여자는 스스로를 아름답게 꾸미고 이 세상에 생기를 불어 넣기 위해 창조된 존재잖아요."

루크레티아가 말했다.

"여자들 중에는 어떤 특정 헤어스타일은 어울리지 않는 사람도 있어요. 하지만 단순히 어울리지 않는다는 이유 때문에 손가락질 받는다고는 생각 안 해요. 그건 자신의 얼굴에 잘 어울리는 방식으로 헤어스타일을 연출하지 못하는 개인의 판단력 결핍에서 오는 문제에 더 가깝죠. 옷이 자신의 몸에 잘 맞는지, 모든 게 제대로 갖춰져 있는지 제대로 살피지 않고, 옷이 등 뒤로 축 늘어져 있거나 팔찌가 팔꿈치까지 올라가 있는 등 그런 부주의한 실수가 본인의 모습을 얼마나 지저분하고 칠칠치 못하게 만드는지 모르는 여자들이죠."

코넬리아가 말했다.

"그건 맞는 말이지만, 모든 여자들이 완벽한 건 아니잖아요. 그런 실수를 저지르는 여자들은 다른 더 중요한 일에 마음이 가 있는 경우가 많아요. 그래서 다른 여자들처럼 예뻐 보이고 그들의 패션을 따라하고는 싶지만, 그만큼 거기에 에너지를 쏟지도 않고, 또 그런 일에 대해 그다지 생각을 하지 않고 살죠. 정작 비난받아야 할 사람은 이런 여자들이 예속되어 있는 남자들이에요. 자기 여자가 스스로를 잘 돌보고 있는지, 옷은 잘 차려입는지, 아니면 정 반대로 완전히 그것을 포기하고 사는지에 대해 털끝 만큼도 관심을 갖지 않는 남자들이에요."

퀸이 말했다.

"하지만 자기 자신을 꾸미느라 어마어마한 시간을 탕진하는 여자들도 많이 있죠. 솔직히 말해서, 젊은 시절 나도 아름다워 보이는 데 열렬한 관심을 가졌어요. 지금에야 여자들이 어느 때보다도 더 화려하게 치장하고 온갖 새로운 패션들이 나오고 있지만요."

코린나가 말했다.

"내적 아름다움을 여성스런 옷과 장식품을 통해 밖으로 표현하는 게 부적절한 일은 아니에요. 물론, 남자들은 우리들이 착용하는 화려한 옷과 보석이 정신의 타락을 의미한다고 말하면서 여성들의 미덕을 깎아 내리죠. 하지만 그건 완전히 틀린 말이에요. 여자들의 옷은, 남자들이 여자들을 괴롭히지만 않는다면, 전혀 여성의 미덕을 해치지 않아요. 그걸 증명하기 위해, 남자들이 집요하게 들들 볶아 대는 가난한 여자들이 불행한 삶을 살아가는 걸 너무 자주 볼 수 있어요. 그들은 아무 장식품도 달리지 않은 검소한 옷을 입는데도 그렇잖아요. 상류층 여성들의 경우, 온갖 화려한 옷과 보석으로 치장하는데도, 그와 같은 운명으로 고통받는 일은 훨씬 드물죠. 상류층 여성들은 어떤 악의적인 이유로 옷을 그렇게 차려입는 게 아니라, 단순히 유쾌한 기분을 내기 위해, 그리고 이 도시의 관습을 따르는 차원에서 그러는 거죠."

레오노라가 말했다.

"얘기가 나왔으니 말인데, 종종 남자들은 배움이 여자들을 망쳤다는 핑계를 대면서 읽고 쓰는 법조차 배우는 걸 금하죠. 배움을 통해 덕을 추구하는 것이 오히려 악으로 가는 지름길인 양 말이에요. 잘 차려입는 여성에 대한 당신의 얘기가, 교육을 받는다는 게 얼마나 올바른 일인지에 대한 정당성을 더욱 상기시켜 준다는 사실을 남자들은 모르고 있는 거죠. 무지한 사람이, 지적이고 배운 사람보다 잘못된 길로 빠지기 쉽다는 건 명백하니까요. 우리도 문맹인 여자들이, 마음을 단련해온 교육받은 여자들에 비해 악의 구렁텅이에 빠지는 경우가 더 많다는 것을 경험으로 알잖아요. 얼마나 많은 까막눈 하녀들과, 농부 소녀들과, 배운 것 없는 여자들이 제대로 싸워 보지도 못하고 자신의 연인에게 모든 걸 내주는지요! 그들이 우리처럼 경고가 되는 사례들을 읽고 도덕적 교훈에 대해 배우고 덕에 대한 사랑을 함양하지 않고, 그저 남을 덥석 믿어 버리는, 속이기 쉬운 여자들이라서 그런 거죠."

코넬리아가 말했다.

"누가 봐도 선량한 우리 행동에조차 남자들이 반감을 표시하는 건 정말 뭔가가 있는 거예요. 이 골칫덩어리 남자들을 그냥 우리 삶에서 쫓아내고, 그들의 비난과 조롱에서 완전히 벗어나는 것이 불가능한 일인가요? 그들 없이 살 수는 없는 걸까요? 그들의 도움 없이도 생계를 꾸려 가고 우리 자신의 일을 할 수는 없는 걸까요? 자, 다들 정신 차리고, 오랫동안 그들이 빼앗아 온 우리의 자유와 명예와 품위를 되찾읍시다. 혹시 여러분은, 우리가 정말 마음을 먹었을 때, 스스로를 방어할 용기와 자립하여 생계를 꾸려 가는 힘과 능력이 부족하다고 생각하시나요? 자, 이제 용기를 내서 실행에 옮깁시다. 그리고 나서 남자들이 그들의 방식을 바꾸도록 맡겨 놓읍시다. 어차피 우리는 그 결과에 대해 휘둘리지 않을 겁니다. 더 이상 우리는 그들에게 예속돼 있지 않으니까요.

평등을 쟁취하고 나면, 남자들이 현재 우리를 조롱하듯 우리도 그들을 조롱할 수 있는 강력한 입지에 서게 될 거예요. 그땐 우리도 그들에게 하고 싶은 얘기를 몇 가지 들려줄 수도 있겠죠. 가령, 몇 가닥 없는 머리카락과 턱수염을 빗어 대고 손질하느라 얼마나 천 년 같은 시간을 보내고 있는지, 그리고 크라바트를 오랜 시간 공들여 메고도 곧바로 축 늘어지는 바람에 그게 냅킨이나 손수건처럼 얼마나 우스꽝스러워 보이는지, 그리고 그걸 목 주위에 너무 바짝 잡아 메어 그들의 모습이 얼마나 꼭두각시 인형처럼 보이는지 말이에요. 또, 기다란 더블릿[19]과 함께 입은 그들의 반바지가 너무 꽉 끼어서 얼마나 개구리처럼 보이는지, 또는 너무 헐렁하게 입어서 그 안에서 점프까지 할 수 있을 정도인지 말이에요. 설상가상인 건, 많은 남자들이 높은 플랫폼 슈즈를 신는다는 점이에요. 그런 걸 신는다고 늘 여자를 비난했던 바로 그 하이힐을 그들이 신고 다닌다니까요."

헬레나가 말했다.

"우리가 옷 같은 데 관심을 가진다고 해서 남자들이 그걸 비웃을 거라는 말은 정말 웃기는 얘기예요. 난 그렇게 생각하지 않아요. 남자들이 정말 우습게 여기는 건, 오늘 우리가 토론했던 것들 중에, 남자들 입장에서는 그들만이 얘기할 수 있는 주제라고 생각하는 것에 대해 우리가 이러쿵저러쿵 떠든다는 거

19. 14~17세기에 남성들이 입던 짧고 꼭 끼는 상의

죠. 우리가 옷이나 아름다움에 관심을 가지는 것에 대해서는 그들로선 전혀 개의치 않아요. 그건 여자들의 당연한 관심사라고 생각하거든요."

코린나가 말했다.

"음, 오늘 우리가 다룬 어떤 주제에 대해서도 그들이 웃을 이유는 없어요. 그 한 가지 이유는, 우리가 스스로를 전문가라고 생각해서 그런 얘기를 다룬 게 아니니까요. 그저 지나가는 말처럼 가볍게 거론한 것뿐이에요. 그리고 다른 이유는, 그들이 그러는 것처럼 우리도 이런 주제에 대해 얘기할 권리가 있다는 거예요. 여자들이 제대로 교육만 받았어도, 과학 · 예술을 막론하고 어떤 분야에서도 남자들이 이룬 업적을 능가했을 거예요."

버지니아가 말했다.

"그래요, 맞아요! 저는 어제만 해도 남자들에 대한 좋은 점을 어필하기에 바빴는데, 오늘은 왠지 레오노라 편으로 돌아서는 기분이 드네요. 반대편의 말을 듣다 보니, 혼자서는 얼마든지 평화와 자유 속에 살아갈 수 있는데, 남자에게 나를 복종시키면서 살고 싶진 않다는 생각이 들었어요."

퀸이 소리쳤다.

"딸아, 그런 말은 말거라! 이 어미는 너를 위해서 남편감을 물색할 수밖에 없단다. 약속하마. 때가 되면 네가 더불어 행복하게 살아갈 수 있는 좋은 짝을 찾아주겠다고 말이야. 돈은 많은데 예의도 없고 신뢰도 가지 않는 사람이 아니라, 교양과 분별력과 덕을 갖춘 사람을 열심히 찾아보마."

버지니아가 말했다.

"오, 하지만 어머니! 저는 어머니와 같이 사는 게 더 행복해요. 결혼한 남자가 오만하고 자만심 가득한 남자라는 걸 알게 되면 어떡해요? 그땐 제가 뭘 할 수 있겠어요?"

퀸이 말했다.

"그럴 때는 네가 취할 수 있는 가장 겸손한 자세를 취하거라. 남자들에게 예속되어 있는 한 우리가 할 수 있는 일은 그들을 추켜세우고 응석받이로 만드는 것밖에는 없으니까."

레오노라가 말했다.

"음, 그래요. 남자들은 대부분 지나치게 완고하고 단호해 자기 고집을 꺾지 않죠. 우리에겐 그닥 선택의 여지가 없어요."

퀸이 말했다.

"하지만 남자들 중에는 그렇게 거만하지 않은 사람들도 있답니다. 여자들이 제대로 처신만 하면, 그들도 분별력을 갖춘 사람들이 되죠. 이런 남편들이 고결한 품성을 지녔다면, 아, 고결하다는 말은 타고난 것이 아니라면 마음과 태도에서 묻어

나오는 걸 뜻해요, 이럴 경우 우리가 걱정할 일은 없어요. 겸손은 진정한 고결함의 특징이니까요."

버지니아가 말했다.

"하지만 남편의 단호함과 가혹함을 두려워하게 되면 그땐 어떻게 해야 하죠?"

퀸이 말했다.

"인내하고 침묵하며 참을성 있게 견뎌야지."

레오노라가 말했다.

"아무 소용없을 거예요. 남자들은 종종 우리가 입도 꿈쩍 안했는데도 우리를 공격하니까요."

퀸이 말했다.

"하지만 방금 얘기했다시피, 그가 분별력을 갖춘 사람이라면, 침착함을 되찾고 이성적으로 생각할 거야. 말대꾸를 해서 그의 분노를 계속 부추기지만 않는다면, 더 빨리 이성을 되찾겠지."

그녀의 딸이 물었다.

"만약 그가 질투를 한다면 제가 어떻게 행동해야 하죠?"

퀸이 말했다.

"일단은 질투를 부추길 만한 상황을 만들지 않는 게 가장 좋겠지. 남편을 제외한 다른 남자에게 매력을 어필할 필요는 없을 테니까. 만약 남편이 네가 옷을 잘 차려입거나 꾸미는 걸 좋아하지 않으면, 넌 그러지 말아야 하고, 네가 집 밖에 외출하는 걸 싫어하면, 외출을 삼가서 남편의 마음을 편하게 해주어야 한단다. 이렇게 하면 그의 마음을 얻게 되고 나중엔 그의 신뢰를 얻게 되어 네가 하고 싶은 대로 할 수 있게 된단다."

레오노라가 말했다.

"질투하는 남자는 결코 변하지 않아요."

퀸이 말했다.

"내가 말한 방법만 따른다면 그렇게 된답니다. 어쨌든, 그가 고결하고 분별 있는 남자라면 변하게 되어 있어요. 자신의 명예를 위해서라도 말이에요. 분별력은 그것을 명령하니까요."

버지니아가 말했다.

"하지만 그래도 그가 똑같이 군다면, 그땐 얼마나 비참한 삶을 살게 될까요!"

퀸이 대답했다.

"그래도 영 결혼이 끌리지 않는다면, 결혼을 하지 않을 때 어떤 일이 일어날지 한번 상상해 보렴. 결혼을 하지 않아도 여전히 어떤 화려한 보석이나 장신구 없이 수수한 옷을 입고 하루 종일 사방의 벽 안에서 지내야 하겠지. 그게 젊은 여자들이 결혼하려 들지 않을 때 일어나는 일이니까. 설상가상으로, 네 삶의 기쁨이 될 수도 있었을 동반자적 애정을 거세당한 셈이지."

코린나가 말했다.

"글쎄요, 저 같으면 동반자와 함께 살면서 불행한 삶을 사느니, 차라리 혼자 살더라도 행복한 편을 택하겠어요."

루크레티아가 말했다.

"우리가 지금까지 얘기한 것처럼, 남자들이 세상을 살아가는 방식이 결점투성이이긴 하지만 그래도 그들의 보호와 동행이 아예 없는 것보다는 낫지 않겠어요? 우리 약한 여성들은 끊임없는 공격과 학대 속에서 속임수에 빠져 돈과 명예와 삶을 송두리째 빼앗기기도 하니까요. 적어도 우리를 해하려는 남자들 사이에서 홀로 살아가는 것보다는 타인으로부터 우리를 방어해 줄 만한 남자 한 명쯤은 친구로 두어도 좋겠죠. 어쩌다가 그런 일이 일어나는 것처럼 자기 남편이 좋은 남자일 수도 있는데, 그때는 여자 인생이 얼마나 행복할지 상상해 봐요. 그런 남자와 살면서 평생 분리되지 않는 동료애가 죽을 때까지 계속되는 거죠. 내 소중한 딸, 버지니아, 용기를 잃지 말거라. 신께서 준비하신 네 미래가 어떨지는 아직 알 수 없는 거잖니."

레오노라가 말했다.

"그런 남편감을 발견할 수만 있다면야, 저도 버지니아에게 그 사람을 놓치지 말라고 말하겠어요. 하지만 주위를 살펴보면 그런 남자는 눈 씻고 찾아볼래야 찾아볼 수가 없잖아요. 그러니 신중을 기하는 차원에서, 제가 할 수 있는 가장 강한 표현을 담아, 저는 여전히 결혼을 전염병 피하듯 피하라고 충고하겠어요."

퀸이 말했다.

"이제 그쯤 해둡시다! 버지니아에게 내가 약속했던 좋은 남편감을 찾아줄 때까지는 일단 이 문제는 보류하도록 하죠. 행동을 유심히 살펴보면 남편감으로 손색이 없는지는 그리 판단하기 어렵지 않을 거예요. 난 아주 철저하게 그걸 살펴볼 거니까요."

루크레티아가 말했다.

"다분히 지각 있는 말씀이에요. 중요한 건, 결혼에 있어서는 남녀 모두 재산과 외모에 너무 큰 비중을 두지 말아야 한다는 점이에요. 그건 헛된 부분으로, 수많은 부부들을 몰락으로 이끌죠."

레오노라가 말했다.

"완전 맞는 말이에요. 남자들은 대부분 타락했기 때문에 여자들은 퀸의 말씀처럼 남편감을 찾기 위해 내면의 인품을 보는 데 에너지를 쏟아야 해요. '선'이란 것은 가장 알아채기 어렵지만 궁극적으로 가장 중요한 요소니까요."

헬레나가 말했다.

"오, 당신의 노선을 지키세요, 레오노라! 한 치도 물러나지 말라고요! 거리에서 당신이 남자들 곁을 지나갈 때 당신의 머릿속에서 무슨 생각이 펼쳐지고 있는지 그들이 알게 된다면, 아마 당신의 안전 문제 때문에 난 두려워 할 거예요."

레오노라가 응수했다.

"오히려, 남자들은 저를 존중하고 제 손을 들어줄 적절한 명분을 가지는 셈이죠. 제가 말한 것 중에는 어떤 것도 착한 남자들한테 공격이 될 만한 건 없으니까요. 오히려 남자들이 귀를 기울이기만 한다면 그건 전부 못된 남자들을 개선시키기 위한 거예요. 저는 남자에 대한 증오를 표출하는 게 아니라, 그보다는 주변에서 볼 수 있는 수많은 고통받는 여성들에 대한 연민과 측은지심에서 말하는 거예요. 아직도 많은 남자들이 이 세상을 편협한 방식으로 바라보고 있어요. 자신들이 여자들보다 우월하게 창조되었다는 근거 없는 오류에 단단히 사로잡혀 있기 때문에, 그들이 원하는 방식대로 독재자처럼 야만스럽게 여자들을 다루는 것이 정당하다고 믿고 있죠. 하지만 그들이 스스로의 오류를 납득할 수만 있다면, 자신들이 고수해왔던 방식들을 바꿀 수밖에 없을 거예요. 제가 공공연하게 그들의 면전에서 이런 얘기를 한다고 해도, 남자들 입장에서는 제가 했던 말에 감정이 상할 어떤 명분도 갖고 있지 않아요."

코넬리아가 말했다.

"오, 당신이 정말 그렇게만 해준다면, 수많은 여성들이 당신에게 감사를 표할 거예요. 당신이 여자들에게 해주는 유용한 경고와, 여자들을 제대로 대접하지 못하는 남자들에게 그들의 방식을 바꾸도록, 보다 나은 사람이 되도록 설득시키는 훌륭한 일을 해낸 거니까요."

퀸이 말했다.

"우리 정신 없이 대화를 나누며 즐거운 시간을 보내느라, 얘깃거리가 다 떨어지기도 전에 시간이 벌써 이렇게 되었군요. 이제 날도 저물고 무한정 얘기를 이어갈 수도 없으니, 이쯤에서 토론을 이끄는 퀸으로서의 내 권한을 내려놓는 게 적당할 듯싶네요. 지금까지 여러분이 보여 준 순종과 충성에 감사를 표합니다. 마지막으로, 나는 레오노라에게 결혼에 대한 생각을 바꾸기를 바라고 있어요. 아직 저토록 여리여리하고 아름다운데, 자신에게 맞는 매력적이고 가치 있는 동반자를 만나 오래도록 행복한 삶을 구가할 수 있도록요. 사람들이 뒤에서

쑥덕대고 손가락질하는 상황을 피해갈 수만 있다면 말이죠."

레오노라가 말했다.

"음, 저보다는 일단 버지니아가 결혼하는 게 순서 아닐까요? 더구나 그녀는 초혼이니까요. 그 동안 저도 다시 한번 생각해 보겠어요. 누가 알겠어요? 결국 제가 그 조언을 받아들이게 될지요!"

이 말을 끝으로, 여자들은 자리에서 일어났다. 해는 막 지고 있었다. 그들은 저녁의 선선한 공기 속에서 정원을 거닐었다. 그때 코린나와 버지니아가 마드리갈을 노래하기 시작했다.

별들이 하늘을 장식한다면,
여자 또한 세상을 장식하네,
사랑스럽고 기분 좋은 모든 것들이 그 안에 있지.
영혼과 심장 없이는
어떤 인간도 살 수 없듯
남자 또한 여자 없이는 살아갈 수 없네,
여자는 남자의 심장이자, 영혼이자, 삶이기에.

노래를 마치자 여자들은 서로 작별을 고하고, 각자의 집을 향해 떠났다.

『여성의 진가』의 영문 주석 완역판은 시카고대학 출판의 「초기 근대 유럽의 다른 목소리(The Other Voice in Early Modern Europe)」 시리즈(1997년 초판)에서 나온 『여성의 가치(The Worth of Women)』를 보면 된다. 본 시리즈는 이탈리아 16세기 여성 작가들의 작품들과 폰테의 『플로리도로: 기사 로맨스(Floridoro: A Chivalric Romance)』(줄리아 키삭키(Julia Kisacky) 번역, 키삭키·발레리아 피누치(Valeria Finucci) 편집, 2006)를 포함하고 있다. 폰테의 독자들이 특별히 관심을 가질 만한 작품으로는 베네치아 창녀이자 시인인 베로니카 프랑코[20]가 저술한 『시와 편지들(Poems and Selected Letters)』(앤 로잘린드 존스 번역, 마가렛 로젠탈 편집, 1998)이 있다. 폰테의 뒤를 잇는 베네치아 페미니스트 이론가의 작품으로는, 루크레지아 마린넬라(Lucrezia Marinnells)의 『여성의 품위와 능력, 그리고 남자의 악덕과 결함(The Nobility

20. 16세기의 유명한 베네치아 기녀로 고급 매춘부이자 시인이었다. 페미니즘의 최초 여성으로 상징되기도 한다.

and Excellence of Women and the Vices and Defects of Men)』(레티지아 파니짜(Letizia Panizza)의 소개 수록, 앤 던힐(Ann Dunhill) 번역, 2000)과 아르찬젤라 타라보티(Arcangela Tarabotti)의 『가부장 독재(Paternal Tyranny)』(레티지아 파니짜 번역, 편집, 2004)가 있다.

지금까지 씌어진 모데라타 폰테에 대한 논문은 파올라 말페찌 프리체(Paola Malpezzi Price)의 『16세기 베네치아 여성들과 삶(Women and Life in Sixteenth-Century Venice)』(메디슨, NF: 페어레이 디킨슨 대학 출판부, 2003)이 유일하다. 사회적 · 경제적 맥락 속에서 폰테의 글을 분석한 평론으로는 버지니아 콕스(Virginia Cox)의 『일개인: 초기 근대 베네치아의 페미니스트 사상과 결혼 시장(The Single Self: Feminist Thought and the Marriage Market in Early Modern Venice)』이 있다. 이 논문은 『르네상스, 이탈리아와 해외(The Renaissance, Italy and Abroad)』(존 제니프리즈 마틴(John Jeffries Martin) 편집, 런던: 루틀릿지(Routledge), 2003)에 실려 있다.

이 시기, 여자의 위상에 대한 신뢰도 있는 개관 총평으로는 메리 와이즈너(Merry Weisner)가 쓴『초기 근대 유럽의 여성과 젠더(Women and Gender in Early Modern Europe)』(3차 개정판, 캠브리지: 캠브리지 대학교 출판부, 2008)가 있고, 베네치아에 대해서는 페데리카 암브로시니(Federica Ambrosini)의 논문, 「베네치아의 여성 사회사: 르네상스부터 개화기까지(Towards a Social History of Women in Venice: From the Renaissance to the Enlightenment)」가 있고, 이는『다시 돌아보는 베네치아: 이탈리아 도시 국가의 역사와 문명(Venice Reconsidered: The History and Civilization of an Italian City State)』(존 마틴(John Martin), 데니스 로마노(Dennis Romano) 편집, 발티모어: 존스 홉킨스 대학교 출판부, 2000)에 실려 있다.

르네상스 시기, 이탈리아 여성의 문화적 참여에 대한 간결한 개관은 버지니아 콕스가 쓴『이탈리아 르네상스의 짧은 역사(A short History of the Italian Renaissance)』(런던: I. B. 타우리스, 2015)를 참고하면 될 것이다. 이탈리아 여성들의 글쓰기 전통에 대해서는, 동일 작가의『이탈리아 여성들의 글쓰기, 1400~1650(Women's Writing in Italy, 1400~1650)』(발티모어: 존스 홉킨스 대학교 출판부, 2008)와 『놀라운 뮤즈: 반종교개혁 이탈리아에서 여성들의 글쓰기(The Prodigious Muse: Women's Writing in Counter-Reformation Italy)』(앞의 출판사와 동일, 2011)가 있다. 뒤의 책은 폰테의 작품들에 대한 논고가 담겨 있다. 초기 페미니스트 사상사에서 폰테가 자리하는 입지에 관한 책으로는, 사라 기네스 로스(Sarah Gwyneth Ross)의 『페미니즘의 탄생: 르네상스 이탈리아와 영국에서 지식인으로서의 여성(The Birth of Feminism: Woman as Intellect in Renaissance Italy and England)』(캠브리지, MA: 하버드 대학교 출판부, 2009)을 참고하면 된다.

버지니아 콕스(Virginia Cox)는 뉴욕 대학교의 이탈리아학과 교수이다. 그녀는 이탈리아 문학과 역사에 관해 『르네상스 대화록: 사회적, 정치적 맥락 속 문학적 대화, 카스틸리오네부터 갈릴레오까지(The Renaissance Dialogue: Literary Dialogue in its Social and Political Contexts, Castiglione to Galileo)』(2008), 『이탈리아 르네상스의 짧은 역사(A Short History of the Italian Renaissance)』(2015), 『이탈리아 르네상스 여성들의 서정시(Lyric Poetry by Women of the Italian Renaissance)』(2013), 『놀라운 뮤즈: 반종교개혁 시기 이탈리아 여성들의 글쓰기(The Prodigious Muse: Women's Writing in Counter-Reformation Italy)』(2011) 등 여러 책과 번역서와 논문 등을 저술했다.

다치아 마라이니(Dacia Maraini)는 이탈리아의 소설가이자 극작가이자 문화 비평가이다. 그녀는 소설 『방황의 시절(L'eta del malessere)』(1963)로 포르멘토르 국제상을, 『이솔리나(Isolina)』(1985)로 프레게네 문학상(Premio Fregene)을, 『마리안나 우크리아의 긴 생애(La lunga vita di Marianna Ucria)』(1990)로 캄피엘로 문학상(Premio Campiello)을, 『어둠(Buio)』(1999)으로 스트레가 문학상(Premerio Strega)을 수상하는 등, 이탈리아 최고 문학상을 다수 석권했다. 2011년 맨부커 인터내셔널상 최종 후보에 올랐고, 그녀의 희곡, 소설, 시, 수필 등은 현재 전 세계에 걸쳐 번역되었다. 최신 작품으로 『부다페스트행 기차(The Train to Budapest)』(영역본, 2010)가 있다.

여성의 진가

초판 1쇄 발행 2018년 10월 10일

지은이 모데라타 폰테(모데스타 포조)
옮긴이 양은미
펴낸이 김종해
펴낸곳 문학세계사

주소 서울시 마포구 신수로 59-1, 2층
전화 02-702-1800 | 팩스 02-702-0084
이메일 mail@msp21.co.kr | 홈페이지 www.msp21.co.kr
페이스북 www.facebook.com/munsebooks
출판등록 제21-108호(1979. 5. 16)

값 13,000원
ISBN 978-89-7075-886-2 23120

이 도서의 국립중앙도서관 출판예정도서목록(CIP)은 서지정보유통지원시스템 홈페이지(http://seoji.nl.go.kr)와 국가자료공동목록시스템(http://www.nl.go.kr/kolisnet)에서 이용하실 수 있습니다. (CIP제어번호: CIP2018030566)